Libro de poemas

(1918-1920)

Biblioteca García Lorca

Federico
García Lorca
Libro de poemas
(1918-1920)

Edición de Mario Hernández

El libro de bolsillo
Biblioteca de autor
Alianza Editorial

Primera edición en «Obras de Federico García Lorca»: 1984
Primera reimpresión: 1989
Primera edición, revisada, en «Biblioteca de autor»: 1998
Quinta reimpresión: 2007

Diseño de cubierta: Alianza Editorial
Ilustración: *Luzbel,* dibujo de Federico García Lorca
© VEGAP, Madrid, 1998
Proyecto de colección: Odile Atthalin y Rafael Celda

Reservados todos los derechos. El contenido de esta obra está protegido por la Ley, que establece penas de prisión y/o multas, además de las correspondientes indemnizaciones por daños y perjuicios, para quienes reprodujeren, plagiaren, distribuyeren o comunicaren públicamente, en todo o en parte, una obra literaria, artística o científica, o su transformación, interpretación o ejecución artística fijada en cualquier tipo de soporte o comunicada a través de cualquier medio, sin la preceptiva autorización.

© Herederos de Federico García Lorca
© Edición, introducción y notas: Mario Hernández
© Alianza Editorial, S. A., Madrid, 1984, 1989, 1998, 1999, 2001, 2003, 2004, 2007
  Calle Juan Ignacio Luca de Tena, 15; 28027 Madrid; teléf. 91 393 88 88
  www.alianzaeditorial.es
  ISBN: 978-84-206-3387-9
  Depósito legal: M. 26.151-2007
  Impreso en Closas-Orcoyen, S. L. Polígono Igarsa
  Paracuellos de Jarama (Madrid)
  Printed in Spain

SI QUIERE RECIBIR INFORMACIÓN PERIÓDICA SOBRE LAS NOVEDADES DE
ALIANZA EDITORIAL, ENVÍE UN CORREO ELECTRÓNICO A LA DIRECCIÓN:

alianzaeditorial@anaya.es

Introducción

He elegido para la cubierta de esta nueva edición del Libro de poemas *la figura de un ángel que Lorca trazó en fecha desconocida y que dio a conocer su amigo Jean Gebser, uno de los autores de la breve antología traducida* Neue spanische Dichtung *(Berlín, 1936), donde se incluyeron varios poemas del granadino. Al margen del olvido, seguramente injusto, en que ha permanecido esa antología, lo que aquí quiero notar es que ese ángel no es otro que Luzbel: un Luzbel efébico, de inquietante o maligna sonrisa, para cuyo dibujo Lorca rompe con todos los moldes iconográficos tradicionales. Mejor dicho: acude con profunda burla a las tallas barrocas de ángeles andaluces, los mismos que él canta en el tríptico del Romancero. Por titubeante que sea el inexperto y delicado trazo, he ahí a un ángel de túnica inverosímil, no muy distinta de la que lleva la imagen de San Miguel en la ermita granadina de San Miguel el Alto. Le retrató muy bien el poeta en su romance: «lleno de encajes», «enseña sus bellos muslos» y deja entrever unas enaguas que en los versos se cuajan de espejitos y entredoses. Por su parte, este opuesto Luzbel muestra unos muslos velludos, pelo crespo y rubio enmarcado por dos finos cuernos, más unas grandes alas formadas por plu-*

mas de pavo real. Incluso se le ve sobre el pecho, al borde del filo de la túnica, una señal inscrita en un círculo, como de ser elegido.

Aunque el dibujo sea, como pienso, de fecha avanzada, Lorca vuelve en él, con ánimo divertido y rebelde, a uno de los grandes temas de su poesía de juventud, tanto en el Libro de poemas *como en composiciones posteriores, alguna todavía inédita. Me refiero al Satanás fáustico, más que baudeleriano, el mefistofélico «Satanás errante» cuya presencia solicita el poeta en «Prólogo», poema escrito en 1920. Ya es significativo el título, aunque la composición esté situada casi en el centro numérico del libro. Y es que ese prólogo no está referido a la obra, sino a la vida entera del poeta. Éste quiere pedir a un amigo –se deduce que a Satanás– «un corazón nuevo» y fuerte, como aquel que obtuvo Fausto para su renovada visión de la existencia. Le falta grandeza suficiente al poema, pero, como signo suyo y del libro todo en que se inscribe, quede en el pórtico este dibujo de Luzbel. Pertenece a otro orden de pensamiento en la obra lorquiana, pero nos sirve para simbolizar la cambiante profundidad que se desata en la poesía del granadino ya desde el* Libro de poemas.

*

En fecha desconocida, pero durante su estancia en Nueva York (1929-30), García Lorca redacta sobre unas fichas, con letra ilegible y redacción descuidada, una breve nota autobiográfica[1]. Al parecer no tenía más finalidad que la de servir de punto de partida a una presentación de su vida y obra

---

1. En John A. Crow, *F. G. L.*, Los Angeles, Univ. of California, 1945, págs. 12-13. Cito, aprovechando las notas explicativas, por Marie Laffranque, «F. G. L. Déclarations et interviews retrouvés», *Bulletin Hispanique*, LVIII, 3 (1956), págs. 308-309.

en un acto público, lectura de poemas o conferencia. Al tratarse de un texto circunstancial que habría de usar quizás un compañero de la Universidad de Columbia (donde el poeta se desaplicaba en el estudio del inglés), la nota concentra de modo sumario, pero significativo, vida, obra y gustos personales. Cobijado en la tercera persona, que le permite hablar de sí como de alguien ajeno, afirma sin titubeos: «Cultiva el tennis, que dice es delicadísimo y aburrido casi como el billar». El experto jugador, recordado por su hermano como más amigo de la vida sedentaria que de la deportiva, no había pasado de ser paseante o andarín de excursiones y callejeo, pues parece que no había tocado una raqueta en su vida[2]. Mas ¿qué importa la broma? En ella va implícito cierto tic de época, desde el cultivo de los deportes en la Residencia de Estudiantes *(mens sana,* etc.) hasta el aire deportivo que asume como propio la literatura de vanguardia, según diagnosticaba Ortega en *La deshumanización del arte* (1925). Y, no obstante, Lorca no muestra en su invención más que un interés irónico por deportes de aristocracia o salón que podían presentarle con un leve toque de antirromántico y desdramatizado cosmopolitismo, un poco a lo Paul Morand, escritor tan antípoda a su temperamento. Lorca, no cabe duda, se estaba burlando, lo que no le impide incorporar luego a su teatro, en *Así que pasen cinco años,* jugadores de rugby y de póquer, como símbolos nacidos en parte, aun con su correspondiente carga de profundidad, de su visión del mundo norteamericano.

Pero más allá de la mentira burlesca, saltan otros núcleos de verdades, no faltos de un alrededor de fantasía imaginativa. Tras referirse a su viejo profesor de música, compositor y discípulo de Verdi –«quien me inició, dice, en la ciencia folclórica»–, añade:

2. *Vid.* Francisco García Lorca, *Federico y su mundo,* ed. Mario Hernández, Madrid, Alianza Edit., 1980, págs. 61-62.

La vida del poeta en Granada hasta el año 1917 es dedicada exclusivamente a la música. Da varios conciertos y funda la Sociedad de Música de Cámara, en la cual se oyeron los cuartetos de todos los clásicos en un orden como por circunstancias especiales no se habían oído en España.

Como sus padres no permitieron que se trasladase a París para continuar sus estudios iniciales, y su maestro de música murió, García Lorca dirigió su patético afán creativo a la poesía. Entonces publicó *Impresiones y paisajes* [1918], y después infinidad de poemas, algunos recogidos en su *Libro de poemas,* y otros perdidos. Así continuó su vida de poeta.

Aunque no todas desmentibles, algunas de estas afirmaciones han de ser contrastadas con la documentación conocida y con otras declaraciones del propio autor. Resulta en principio llamativa la omisión de *La comedia ínfima,* rebautizada para su estreno por Gregorio Martínez Sierra como *El maleficio de la mariposa.* Este drama modernista, todavía atravesado por un ingenuo romanticismo, sube a un escenario en 1920, un año antes de la salida del *Libro de poemas.* Quizá el olvido en la nota autobiográfica venía dictado por el recuerdo del fracaso que la pieza obtuvo o, más simplemente, porque dicha nota, en la que no se habla de teatro, iba encaminada a hablar sólo del poeta. Pero los tres años implicados –18, 20 y 21– marcan el ingreso de Lorca en el mundo de la literatura española por tres vías distintas: prosa, teatro y poesía. Conviene subrayarlo: el aprendiz de músico, el seguidor de Albéniz en alguna de las composiciones de las que sólo ha quedado noticia[3], comienza como prosista o dramaturgo antes que como poeta, al menos en

---

3. Me refiero al *Poema del Albaicín,* citado por Marcelle Auclair, *Vida y muerte de G. L.,* México, Era, 1972 (ed. original: Seuil, 1968), págs. 59 y 64. En el mismo libro se desatribuye a Lorca la creación de la Sociedad de Música de Cámara, obra de un alemán, Franz Degen (pág. 60). Otros datos de gran interés en Ian Gibson, «Federico en Baeza», *ABC,* Número homenaje a F. G. L., 6-XI-1966, s. p.

su manifestación pública. Este hecho, que muestra desde el comienzo la versatilidad de su dedicación literaria, no está en contra del innegable acento lírico que predomina en libro de prosa y drama. La sensibilidad juvenil del poeta se ha ido modelando a través de una visión romántica, o dígase modernista, del papel del artista en medio de la «despreciable» y espesa realidad que le ha tocado vivir. Un difuso, pero intenso anhelo espiritual, cruzado con un erotismo punzante y una extremada sensibilidad ante la naturaleza, define al incipiente escritor.

Lo significativo es que ligue la ruptura de su carrera musical con dos hechos que se le imponen desde el exterior, con lo que da a entender, como poeta no precoz que fue, una irresistible necesidad creativa que sólo cambia de cauce de expresión, pues ya se había manifestado con la música antes de 1917, cuando alcanza los diecinueve años. Mas ¿fue París el destino anhelado por el joven músico? En una entrevista de 1928 había recordado:

Yo estudiaba Derecho y Letras en la Universidad de Granada. Antes había estudiado música con un profesor que había hecho una ópera colosal, *Las hijas de Jephté,* que se llevó un horrible pateo. Yo le dediqué mi primer libro, *Impresiones y paisajes.* Había recorrido España con mi profesor y gran amigo, a quien tanto debo, Domínguez Berrueta. Me tenían preparado el que marchara pensionado a Bolonia. Pero mis conversaciones con Fernando de los Ríos me hicieron orientarme a la «Residencia» y me vine a Madrid a seguir estudiando Letras[4].

¿París? ¿Bolonia? ¿Continuidad de los estudios en Madrid? En la misma entrevista Lorca recuerda que en sus años granadinos de Instituto y Universidad recibió «cates colosa-

---

4. *Vid.* E. Giménez Caballero, «Itinerarios jóvenes de España: F. G. L.», *La Gaceta Literaria,* 15-XII-1928. Se reproduce la entrevista completa en nuestra edición del *Romancero* publicada en esta Biblioteca de autor (1998), págs. 160-163.

les» en disciplinas precisamente literarias[5]. El poeta que tal declaraba era el ya reconocido como renovador de la lírica española con su *Primer romancero gitano* (1928). Mas cuando en 1919 se traslada a Madrid para continuar supuestamente sus estudios en la Residencia de Estudiantes, lo que menos debían importarle eran las clases universitarias. De ahí que la emprendida carrera literaria, única meta del joven Lorca, no fuera vista con la misma claridad por su padre. Por ello su vuelta a Madrid en el otoño de 1920 se vuelve problemática. En carta a su aplicado amigo Antonio Gallego Burín, que llegaría, entre otros cargos, a decano de la Universidad de Granada, le plantea el problema que en ese momento le acuciaba, «a causa de estar mi padre dolorido al verme sin más carrera que *mi emoción ante las cosas*». La epístola suplicatoria es de agosto de 1920. Según lo escrito, don Federico García Rodríguez, lleno de resignada comprensión, sólo le pedía a su hijo lo siguiente: «Si en setiembre hicieras alguna asignatura, yo te dejaría marchar a Madrid con más alegría que si me hubieses hecho emperador»[6]. De ahí que acuda al amigo entendido, ya auxiliar de cátedra en la Facultad de Letras, para que le oriente hacia los catedráticos más indulgentes. No ocultaba el único motivo del para él penoso esfuerzo, que le arrancaría de su excluyente dedicación literaria: «darle un alegrón» a su padre y «marcharme tranquilo a publicar mis libros», en plural. Lleno de optimismo, asegura que también quiere estudiar en Madrid «principios de filosofía con el *Pepe Ortega,* que me lo tiene prometido». La

---

5. El poeta exageraba. *Vid.* el documentado estudio biográfico de E. Orozco Díaz «G. L. se gradúa de bachiller», en *Lecturas del 27*, Univ. de Granada, 1980, págs. 7-54.
6. En *Epistolario*, I, ed. Christopher Maurer, Madrid, Alianza Edit., 1983, pág. 21. Véase también el recuerdo de Francisco García Lorca al mismo propósito, ob. cit., pág. 95. Para todas las cartas lorquianas que cito en adelante remito, salvo indicación contraria, al mencionado *Epistolario*, I y II.

promesa de Ortega y Gasset dataría seguramente del curso anterior, año en que Lorca debió consolidar sus amistades y relaciones con el mundo intelectual madrileño, con ágora de fácil ingreso en las numerosas y casi especializadas tertulias de café, teatro y redacción.

Desde el año 17, aunque con un comienzo como escritor que su hermano cifra un año antes[7], el joven poeta acumula prosas y poemas o proyecta incontenibIemente libros y títulos. Ya brilla en él esa actitud de irrestañable imaginador que ha de conservar toda su vida. Así, en la nota autobiográfica menciona «infinidad de poemas» publicados. Es cierto que debieron ser muchos los que escribió, parte de ellos conservados, pero esa infinidad supuestamente sometida a la letra de molde se redujo en la realidad a un puñado de poemas impresos en revistas antes de ser incorporados al *Libro de poemas*. Como ha observado Francisco García Lorca, su hermano fantasea o exagera en sus declaraciones, aunque casi siempre sobre una base real, que es aquella que ha de ser cuidadosamente desbrozada[8]. En lo que el poeta no mentía era en calificar su vocación artística de «patético afán creativo», como si señalara el sentimiento trágico y la misma urgencia por expresarlo que delatan manuscritos y poemas de la etapa neoyorquina, no muy distante ni distinta en ciertos rasgos de la primera época juvenil, 1917-1920.

Parece normal, por otra parte, que Lorca, poeta que gozó siempre de una llamativa memoria, se confundiera al citar en una entrevista tardía el primer poema que había salido de su mano[9]. El periodista toma al oído, con algún defecto en la

7. Ob. cit., pág. 160.
8. *Ibíd.*, pág. 62.
9. José R. Luna, «La vida de G. L., poeta», *Crítica* (Buenos Aires), 10-III-1934. Entrevista recogida por Jacques Comincioli, «En torno a G. L. Sugerencias. Documentos. Bibliografía», *Cuadernos Hispanoamericanos*, 139 (1961), págs. 37-76.

transcripción, varios versos del poema en alejandrinos «Inmaculados pájaros que encierran un enigma», pesada letanía sobre un ave descubierta en el paisaje castellano (y en Machado): las cigüeñas. A través de la datación de los manuscritos, numerados cronológicamente en una revisión que Federico realiza con ayuda de su hermano Francisco (a quien irá dedicado el *Libro de poemas),* sabemos que el poema citado era el cuarto de los comenzados a escribir en 1917, el primero de todos el 29 de junio. Lo que parece reproducir una nueva fantasía es la historia que el entrevistador recoge en tercera persona:

Un amigo suyo [de Lorca] estaba en Suiza curándose de una hemoptisis. Mantenían una frecuente correspondencia. Lorca, que nunca había salido de España, describía en sus cartas los paisajes suizos, tal como se los representaba su imaginación. Sus cartas tenían sabor, color y tonalidad de poemas. El amigo, entonces, le escribió, gritándole a grandes letras:
«¡Federico, eres un poeta! ¡Debes escribir versos! ¡Envíame los primeros que hagas!»
[...] Para complacer a su amigo, escribió sus primeros versos. Los hizo después de un viaje a Castilla, durante el cual le llamaron la atención las cigüeñas, sentadas en lo alto de todos los campanarios.
[...] La carta del amigo le trajo entre los pliegues una *edelweis,* la flor maravillosa de los Alpes. El amigo le decía:
«Conserva esta flor, que te dará mucha suerte».

Como ya ha advertido Marcelle Auclair, el amigo del relato debió ser el poeta Emilio Prados[10]. Casa además con el malagueño, apasionado por las ciencias naturales, el envío de la flor alpina. Prados marcha a Suiza desde la Residencia de Estudiantes, para curarse de una grave afección del pecho, a fines de 1920[11]. Su recaída, pues la enfermedad venía

---

10. Ob. cit., pág. 67.
11. *Vid.* prólogo de C. Blanco Aguinaga y A. Carreira, eds., a Emilio Prados, *Poesías completas,* t. I, México, Aguilar, 1975, págs. xxv-xxvi.

de antes, se produce en una época en que ya está documentada la relación entre los dos poetas, que pudieron conocerse en Málaga, antes de coincidir en la Residencia. Prados permanecerá en el sanatorio de Davos Platz hasta 1921. Es lógico que durante aquellos meses el lazo de la correspondencia mantuviera unidos a los dos amigos y que Federico derramara su imaginación sobre el lejano paisaje suizo, «inventándoselo» con típica viveza en sus cartas. Y no sólo eso: las inquietudes literarias, espirituales y sociales de uno y otro serían natural camino de comunicación. Sin embargo, aunque la existencia de correspondencia está documentada en fechas próximas y quepa sospechar su continuidad durante los meses suizos de Prados, el núcleo del relato periodístico no coincide con la época aludida. Está claro: los primeros poemas de Lorca son de 1917, como queda referido, es decir, tres años antes que la estancia de Emilio Prados en Suiza.

Ciñéndonos, no obstante, a 1920, podemos vislumbrar la personalidad del poeta granadino a través del diario íntimo de Prados, del que se ha conservado y editado un fragmento de aquel tiempo[12]. Los pasajes a que me refiero están escritos en la Residencia de Estudiantes, a la vuelta del verano de aquel año y poco antes de la obligada ausencia del malagueño. Lorca, el mal estudiante, seguía aún en Granada. Anota Prados sobre él:

Al principio de conocerle no lo pude comprender bien; su poesía, su literatura, lo envolvían en una costra difícil de atravesar; pero luego, una vez que he logrado llegar a su corazón, he comprendido su bondad infantil y su cariño. [...] Su manera de ser y de pensar es muy semejante a la mía, su misma *niñez de hombre*, su afán por subir a la cumbre de la gloria, no comprendido, pero deseado por desear lo nuevo y lo revolucionario, todo es igual a lo mío. Sus ideales

---

12. Por José Luis Cano, quien redacta la nota previa al *Diario íntimo* de E. Prados, Málaga, Guadalhorce, 1966. Véanse, en especial, págs. 29-31.

políticos, contrarios a su bienestar, son los mismos míos, y esto le hacen que sea más querido para mí.

Confesión y atropellada sintaxis son propias de una página de diario personal redactada por un Prados de veintiún años. Pero el futuro poeta de *Circuncisión del sueño* ya define con justeza dos características de la personalidad lorquiana: su imagen exterior, esa «costra» quizá autodefensiva, y el yo íntimo que se manifiesta en una «niñez de hombre», sintagma que Prados subraya y con cuyo contenido él mismo se identifica. Niñez, digamos, referida a términos de expresividad afectiva –bondad, cariño–, no ligada a esa tangente del juego y la broma, como de niño grande, que Lorca cultivará toda su vida como una faceta más de su modo de ser[13]. En su definición Prados ha sabido captar el yo interior que vemos manifestarse, de lo íntimo a lo social, en el *Libro de poemas*, donde el llanto por la infancia perdida o el anhelo de su imposible recuperación son temas que se expanden por muchas composiciones.

Acaso a la sombra de Tolstói, Prados soñaba con cristianos ideales de igualitarismo social, hasta llegar a escribir: «Mi sangre toda la daría por ver a la humanidad unida con amor». En aquel otoño de introspección y vagos proyectos deseaba la llegada de Lorca a la Residencia para organizar la propaganda de las comunes ideas revolucionarias, no sabemos de qué modo. Sin embargo, muy pronto se siente incomprendido ante una carta que recibe de Granada. Por lo que cabe deducir, es todo un mundo de confidencias y de anhelos en ebullición el que entra en juego de susceptibilidades. El Prados sensible e interiorizado que delatan las anotaciones de su diario no es muy distinto, a pesar de todo, del

---

13. Entre otros muchos más, véase el recuerdo de Juana de Ibarbourou sobre la estancia de Lorca en Montevideo, «F. G. L.», en *Obras completas*, Madrid, Aguilar, 1968, págs. 1264-1267.

Lorca que traslucen poemas y epistolario de aquella época, si bien sus afinidades sólo son de raíz, con un modo distinto de manifestarse. Que la amistad no se rompe lo muestra, sobre datos posteriores, la dedicatoria de «La balada del agua del mar», del *Libro de poemas:* «A Emilio Prados (cazador de nubes)». Se ha explicado el paréntesis definitorio a través de una anécdota real: Lorca ve a Prados un día «cazando» nubes con un espejo en la ventana de su habitación. La intención de la dedicatoria, no obstante, quizás iba más allá del hecho anecdótico. Basta asomarse a la poesía de Prados. En un hermoso y visionario poema de sus últimos años, «Mi tumba es una voz», el poeta malagueño recoge y glosa misteriosamente, en desdoblamiento de voces, los versos iniciales de la balada lorquiana, ya el mar como cita final. Aun rompiendo el trabado poema, no quiero dejar de copiar los versos últimos:

–¿Vamos?
        –Vamos.
                (Descalzos todos llegan. Descalzos.)
–¡Emilio!
        –Ya estoy muerto.
                –¡Emiliooo!
                        –Ya estoy muerto.
–¡Emiiiliooo!
        («El mar sonríe a lo lejos,
dientes de espuma, labios de cielo.»)
                        –¡Emiiiliooo![14]

El Lorca que llega a Madrid en su primera visita (1918) es un joven tímido, como le describirán Juan Ramón Jiménez y J. B. Trend. Su modo de expresión sigue siendo, además de la poesía, la música, todavía empapado del espíritu y pentagramas de compositores como Chopin y Beethoven, que interpreta al piano junto con improvisaciones y piezas propias. Al parecer

14. *Poesías completas,* ed. cit., t. II, pág. 704.

conoce ya de memoria el *Cancionero* de Pedrell (el *Diccionario de Pedrell*, como se burlará Dalí en la Residencia)[15], con un pie, por tanto, en un ámbito de letras y melodías folclóricas que un rastro tan intenso dejarán en su obra. A sus veinte años Lorca traba entonces primer contacto con el mundo literario de la capital. Sabemos con seguridad que conoció a Vicente Huidobro, dato no recogido por ninguno de sus biógrafos. Esta relación presupone, ya en estas fechas o poco después, el trato con otros jóvenes de inquietudes semejantes, como Guillermo de Torre, José de Ciria y Escalante, Pedro Garfias, Mauricio Bacarisse. El poeta chileno establece aquel año su residencia temporal en Madrid, en un piso de la Plaza de Oriente. Huidobro llega de París como apóstol y adalid de la modernidad. Guillermo de Torre, que recrea la trascendencia de aquella visita, testimonia que de boca de Huidobro debió oír, entre otros nombres, el del mítico Apollinaire[16]. Al calor de esta breve estancia florecerá el movimiento ultraísta y el modernismo empezará a ser considerado, a pesar de la resistencia de muchos, un movimiento del pasado[17]. Huidobro publica, en Madrid y en el mismo año, cuatro libros: *Tour Eiffel*, *Hallali*, *Ecuatorial* y *Poemas árticos*. El primero aparece con ilustraciones de Robert Delaunay y *Ecuatorial* está dedicado a Pablo Picasso. Un ejemplar de este último, editado por Pueyo en agosto, 1918, le será regalado por el autor a Lorca. La amistosa dedicatoria nos introduce en el clima de aquellos encuentros: «A Federico García Lorca con

---

15. El dicho daliniano está atestiguado por carta de Alberti a Prados. En R. Alberti, *Cuaderno de Rute (1925). Poemas, prosas, epistolario*, Litoral, 70-71-72 (1977), pág. 111.
16. Cf. Decomil Goig, «Vicente Huidobro: datos biográficos», en *Vicente Huidobro y el creacionismo*, ed. René de Costa, Madrid, Taurus, 1975, págs. 41-43. Véanse, en el mismo libro, los dos artículos de Gerardo Diego.
17. Sobre los primeros ataques al ultraísmo, cf. V. García de la Concha, «Una polémica ultraísta: Gerardo Diego en el Ateneo de Santander (1919)», en *Homenaje al Ilmo. Sr. D. Ignacio Aguilera y Santiago*, t. I, Santander, 1981, págs. 175-195.

el recuerdo de tantas veladas musicales y poéticas inolvidables. Su compañero, Vicente Huidobro»[18].

El poema titulado *Ecuatorial* se mueve dentro del «delirio» y «clarividencia» imaginativos que caracterizan, según el teorizador y poeta, al creacionismo. La audacia de las imágenes se despliega a través de un discurso sincopado en libre disposición tipográfica, dentro de un tono apocalíptico que tiene algo de juego de gran mago infantil. Pero en *Ecuatorial*, poema de la posguerra europea, refulge una preocupación metafísica y una fe en el poder de la poesía que debieron atraer al poeta granadino. Si la huella creacionista es muy débil en el *Libro de poemas*, a través de Huidobro y de Gómez de la Serna[19] Lorca aprendía una lección de libertad, de atrevimiento imaginativo y, seguramente, de utilización del humor y la ironía. No dará paso a la técnica disociadora en la construcción del poema, a la superposición de imágenes dispersas, pero podrá ir desatándose de los moldes modernistas que dominan de modo exclusivo sus primeros poemas, los de 1917.

Lorca no sucumbió a la tentación creacionista o a su modalidad española, el ultraísmo. Pocos años más tarde, en carta a su amigo Ciria, devoto de Apollinaire, se burlará de la «Eva porvenirista» que tan ocupados y enceguecidos tenía a los ultraístas. Tampoco cedió ante la seducción del caligrama, cuyo influjo es, sin embargo, visible en algunos dibujos tardíos, como el que traza para ilustrar el poema y *plaquette* de su amigo argentino Ricardo E. Molinari: *Una rosa para Stephan George* (Buenos Aires, 1934). La rosa que allí dibuja

---

18. Agradezco la consulta del ejemplar a Manuel Fernández-Montesinos. Hay una reedición conmemorativa, con prólogo de Óscar Hahn, Santiago de Chile, Nascimento, 1978.
19. Al margen del indudable conocimiento de su obra desde fechas tempranas, una fotografía documenta la relación de Lorca con Ramón G. de la Serna. Fue tomada en un banquete que se le ofreció al segundo en Lhardy, de Madrid, 1923. La reproduce Luis S. Granjel, *Retrato de Ramón*, Madrid, Guadarrama, 1963, pág. 89.

como emblema de la muerte es uno de los más singulares y hermosos caligramas que haya trazado un poeta español.

Muchas son las huellas, más o menos borrosas, que se han querido descubrir en el *Libro de poemas*. La simple enumeración de nombres supone un índice parcial de las lecturas juveniles del poeta: Rubén Darío, Juan Ramón Jiménez, Antonio Machado, Unamuno, Victor Hugo, Salvador Rueda, Amado Nervo, Villaespesa, Hesíodo, Góngora, fray Luis de Granada, Gómez de la Serna, el mencionado Huidobro[20]. A pesar de que determinados ecos resalten en tal verso, estrofa o poema, tiene razón Francisco García Lorca: «El *Libro de poemas* es esencialmente un acto de impetuosa afirmación personal». El poeta, con su inmadurez y todo, ya es él mismo, de manera que incluso en los poemas más netamente influidos por otras voces vemos mucho más que al poeta aprendiz que escribe o se ejercita *a la manera de*.

Un frescor propio le viene a Lorca del cancionero infantil, de los versos repetidos en los juegos de infancia, con ejemplos que pasan por los simples pareados de un juego de adivinación y búsqueda de objetos escondidos –«Frío, frío, / como el agua del río»– y que llegan al romancillo «Me casó mi madre» o a canciones de corro como «Yo soy la viudita»[21]. Versos, pues,

---

20. Cf. Daniel Devoto, «García Lorca y Darío», *Asomante*, 23, III (1967), págs. 22-31; José Hierro, «El primer Lorca», *Cuadernos Hispanoamericanos*, 224-225 (ag.-set. 1968), págs. 437-462; Francisco G. Lorca, ob. cit., págs. 160-169 y 192-195; Gerardo Diego, «Salvador Rueda», *Los Lunes del Imparcial* (Madrid, 18-IV-1933; M. García-Posada, ed. F. G. L., *Poesía, I (Obras, I)*, Madrid, Akal, 1982², págs. 119-132. A propósito de Huidobro, no ha de descartarse la posibilidad de que su encuentro con Lorca sucediera más tarde de la fecha arriba indicada, acaso en el invierno de 1920-1921.

21. *Vid.* D. Devoto, «Notas sobre el elemento tradicional en la obra de G. L.», en *F. G. L.*, ed. I.-M. Gil, Madrid, Taurus, 1975, págs. 117-127; también Ian Gibson, «Lorca's *Balada triste*: children's songs an the theme of sexual disharmony in *Libro de poemas*», *Bulletin of Hispanic Studies*, XLVI, I (1969), págs. 21-38.

que, a excepción de algunas variantes locales, conocen (o quizá conocían, hasta hace muy pocos años) la inmensa mayoría de los niños españoles. Estas rimas del mundo infantil cumplen un papel de recreación nostálgica –Arcadia o paraíso de la niñez– y no se ofrecen como puro adorno folclórico. Sin embargo, tales versos no aparecen todavía, salvo exquisitas excepciones, entramados indisolublemente en el ser del poema, hasta ser indistinguibles, como Lorca sabrá hacer más tarde con inigualable maestría.

Conviene, por otra parte, ante el cúmulo de influjos aludidos, recordar lo escrito por el hispanista británico J. B. Trend en una temprana reseña del volumen, publicada en enero del 22[22]. Trend había conocido a Lorca en Granada y le había oído recitar una noche en un carmen del Albaicín. Esto sucedía, según su recuerdo, en 1919. La seducción de aquella tarde y noche –guitarras y laúd fallescos, jardín en sombra, poesía– debieron impulsar a Trend a escribir sobre el libro –el primero de versos– del joven y lejano poeta. Indicaba Trend: «It is difficult for a foreigner to judge, but these verses seem less reminiscences than many first book of verse. There are reminiscences, of course, but they are reminiscences of sound rather than of sense». El juicio es generoso y agudo. Lo curioso es que está tomado en préstamo del espléndido comentario que Adolfo Salazar había publicado en *El Sol* unos meses antes[23]. Salazar, en efecto, alude a «inevitables reminiscencias (más de oído que de sentido)». Acaso el críti-

---

22. En *The Nation and the Athenaeum,* Londres, 14-I-1922. Proporciona la localización de la reseña D. Eisenberg, «*Poeta en Nueva York*»: *historia y problemas de un texto de Lorca,* Barcelona, Ariel, 1976, pág. 196. Cito por *Lorca an the spanish poetic tradition,* New York, Rusell & Rusell, 1971², págs. 1-5, donde Trend recoge sus recuerdos y transcribe parte de la reseña.
23. «Un poeta nuevo. Federico G. Lorca», *El Sol,* 30-VII-1921. Salazar transcribe el nombre del poeta tal como figura en cubierta y portada del *Libro de poemas,* con el García en sigla.

co español tuvo que ver algo con la reseña del hispanista, a quien habría enviado como apoyo la suya propia. La suposición no tiene ningún punto de apoyo, pero Salazar sabía por el poeta la necesidad que éste tenía de que el *Libro de poemas* fuera reconocido por la crítica[24], entre otros motivos para poder tener ante su padre, si no una patente de corso con vistas a su vocación literaria, sí al menos una prueba de que la fe y la indulgencia paternas en la lucha de la poesía contra los estudios no habían sido vanas y sin fundamento.

Parece como si se hubiera entretejido ya un primer círculo de apoyo y admiración, por condicionada que estuviera, en torno al poeta granadino. En él participó el mismo Juan Ramón Jiménez, aunque fuera desde su altura de director vigilante y siempre lúcido. Cuando Lorca llega a la Residencia de Estudiantes para el curso 1919-1920, Fernando de los Ríos, su mentor, escribe a Alberto Jiménez Fraud, director de la institución. Paralelamente añade una carta de presentación para otro andaluz, el poeta de Moguer, mostrando con el gesto que apoyaba y estaba en el secreto del traslado de Lorca a Madrid[25]. Tras el primer encuentro, Juan Ramón no olvida la positiva impresión recibida ante los poemas que escucha y trata de introducir el nombre del granadino en las publicaciones sobre las que tiene influencia. Envía, pues, poemas lorquianos a Enrique Díez-Canedo, para *España*, y en el mismo día a Cipriano Rivas Cherif, para *La Pluma*[26].

24. Se lo comenta Lorca al recibir la crítica, en carta de 2-VIII-1921, fragmento que luego cito. Véase mi comentario a la ed. de la carta en *Trece de nieve*, 2.ª ép., 1-2 (1976), págs. 33-39. También le pediría a Fernández Almagro que escribiera una reseña (*Epistolario, I*, pág. 33).
25. Cf. J. R. J., *Selección de cartas (1899-1958)*, Barcelona, Picazo, 1973, pág. 105; y mi introducción a Francisco G. Lorca, ob. cit., págs. XIII-XIV.
26. J. R. J., *ibíd.*, pág. 141, carta a Canedo de 15-XI-1920, y pág. 180, con carta a Rivas Cherif, de 26-X-1920. Parece faltar la carta al segundo de fecha coincidente con la primera citada, pues es J. R. J. quien asegura que realiza los envíos de poemas en el mismo día. Lorca, pues, se habría puesto al habla con J. R. J. entre octubre y noviembre, entregándole los poemas.

En *España* aparecen «Madrigal», «Encrucijada» y «La sombra de mi alma»; en *La Pluma,* «Veleta», «Deseo» y «Sueño». De los seis poemas sólo uno es de 1919, pero de diciembre, en tanto que los otros cinco están fechados en 1920, según constará después en el libro. Es muy probable que Juan Ramón Jiménez interviniera en la selección de las seis composiciones, pues él mismo, ante la timidez de Lorca, se encarga de los envíos. Los poemas elegidos pertenecen a aquellos de mayor madurez en el poeta, en los que se muestra más dueño y menos deudor. A Díez-Canedo le confía Juan Ramón: «Me parece que tiene este cerrado granadí un gran temperamento lírico». Precisa al dirigirse a Rivas Cherif:

A ver si encuentra usted a un granadino –Federico García Lorca–, que vino el año pasado a verme, presentado por Fernando de los Ríos, y que me leyó algo que me gustó mucho. Un poco largo todavía, pero muy nutrido de hallazgos y, sobre todo, lleno de «pasión», de «acento».

Espina, Lorca, Salazar, Guillén, Maroto, Corpus Barga, Salinas son varios de los «nuevos» que Juan Ramón trata de impulsar, de ganar para la tarea en que él mismo sueña. Algo de su estética está, incluso con derivaciones que parecen de interior doméstico, en el programa exclamativo que le suelta a Salazar: «¡Antipático, desagradable, odioso, asensual "castellanismo necesario" de las pseudoartes españolas de hoy! ¡Abajo el arte feo! ¡Viva el arte agradable!»[27]. Juan Ramón quería sanear el aire que él sentía viciado por la moda castellanista del 98, depurar y combatir el sueño casticista –hidalgos y ranciedades–, embarnecido de mala nogalina en las «pseudoartes» que le atacaban los nervios. En su actitud, que va más allá de lo puramente literario, influye una veta de

---

27. La exclamación es glosa y elogio indirecto al libro de Salazar *Polycanthos,* J. R. J., *ibíd.,* pág. 71, 24-X-1920. Su reseña en J. R. J. *Estética y ética estética,* Madrid, Aguilar, 1967, págs. 29-30.

la honda corriente institucionista, tan presente en la Residencia de Estudiantes, incluso en decoración interior y jardines[28]. Lorca, como tantos otros, debió y ganó mucho con aquella amistad del alto poeta. (Más adelante, en los años treinta, surgirían problemas que no son de esta historia.)

En las páginas de *La Pluma* Cipriano Rivas Cherif firma con sus iniciales una breve reseña del *Libro de poemas,* tras haber sido gestor de la previa publicación de tres de ellos en la misma revista[29]. Sin ahondar demasiado, anota el crítico el «intenso aroma romántico» del libro, su «lírico panteísmo» y «el árbol genealógico de este nuevo poeta, tan estremecido y sensible, en la oscura selva de los románticos más deliciescentes», selva habitada por dos nombres españoles: Bécquer y Juan Ramón Jiménez.

Pero la reseña de más interés es la ya citada de Salazar, aparecida después de la que escribe para el *Noticiero Granadino* José Mora Guarnido[30]. Salazar, crítico muy culto, compositor y musicólogo, tenía un lazo común con Lorca: la pasión por la música y la amistad con Falla, además de con Juan Ramón. En su reseña da la clave de la intención lorquiana al editar el libro:

Antes de publicar sus versos actuales, Lorca ha querido recopilar en un libro las distintas muestras de su jornada poética. «Un libro de entronque» –dice él– donde se encuentran los frutos sencillos de su alborear y en donde se despide el poeta de esas horas ingenuas, antes de mostrar su labor presente. Mientras llega el otoño del año que corre, y con él el libro que García Lorca promete, en el que ahora nos ofrece se reúne una colección copiosa de poemas comprendidos entre los años 1918 y 1920.

28. *Vid. Poesía,* 18-19 (1983), Número monográfico dedicado a la Residencia de Estudiantes (1910-1936).
29. Los poemas aparecen en II, 8 (enero 1921), págs. 49-53; la reseña, en II, 15 (agosto 1921), págs. 126-27.
30. «El primer libro de F. G. L.», *Noticiero Granadino,* 1-VII-1921. Cita por primera vez la reseña Ian Gibson, en su edición crítica del *Libro de poemas (1921),* Barcelona, Ariel, 1982, pág. 5.

Conjeturo que el libro prometido para el otoño de 1921 debía ser un avance de las *Suites,* apareciera o no bajo este título. Lo que importa notar es que en esta época Lorca *tiene prisa* por publicar, muy al contrario de lo que será su comportamiento posterior, sobre todo a partir de la publicación del *Romancero* (1928). No es momento de analizar la compleja relación de Lorca con los problemas de edición que le planteaban sus libros, sus mismos temores y dudas. Éstos debieron surgir antes y después de la impresión del *Libro de poemas.* Baste, sin embargo, observar lo siguiente: si el libro reseñado por Salazar es de «entronque» y voluntaria despedida, se deduce que con la publicación Lorca quería claramente cerrar la puerta a una etapa de su obra que consideraba terminada. De ahí que deslizara al amigo las puntualizaciones y noticias que éste elegantemente recoge. Para amarrar los cabos sueltos, Lorca consigna la fecha de cada uno de los sesenta y ocho poemas del volumen, no al pie de los versos, como sería lo usual, sino bajo el mismo título[31]. Con la datación, a la que a veces se añade el lugar de la composición, el poeta estaba señalando al lector una vía de lectura y tácita valoración de sus logros en el transcurso de dos años. Por la carta que inmediatamente escribe a Salazar, una vez aparecida la reseña en *El Sol,* advertimos la repulsa del autor ante el lado declamatorio del libro –los poemas «largos» o discursivos a que aludía Juan Ramón– y el cambio absoluto de atención, ahora volcada, al margen de los proyectos teatrales, sobre los poemas nuevos que estaba componiendo en aquel verano de 1921. Entre ellos figuran las «Cuatro baladas amarillas», incorporadas en 1936 a *Primeras canciones*[32]. Son ya poemas

---

31. Los diálogos que incluye en el *Poema del cante jondo* están, sin embargo, fechados a su final, como sencilla indicación de que eran de época diferente (1925) a la de los poemas del libro (1921).
32. A dichas baladas parece aludir en la carta a Salazar citada en n. 23. La serie, de las *Suites,* se incorporaría a *Primeras canciones* (1936). Véase nuestra edición y estudio en Alianza Edit. (Obras de F. G. L., 5).

breves, de lírica concentración, en una línea personal que parte del ejemplo de Juan Ramón y de la poesía japonesa –zigzag de los *haikais*–, la cual provoca un fugaz deslumbramiento en algunos poetas españoles. La concepción del poema que denotan estas composiciones es en gran medida contraria a la que soporta el *Libro de poemas,* por más que no sea difícil hallar ciertos cauces de continuidad, sobre todo con varios de los poemas más tardíos del conjunto publicado.

Por las razones indicadas no creo que hayan de tomarse al pie de la letra las observaciones y recuerdos de Mora Guarnido, amigo juvenil y biógrafo del poeta. Según Mora, Gabriel García Maroto, editor del *Libro de poemas,* «le arrebató [al poeta] casi a la fuerza los originales de su primer volumen, los corrigió, lo persiguió implacable para que le ayudase a la selección y ordenamiento y le escribiera un breve prólogo». Mora pone incluso en duda, aunque no la niega tajantemente, la autoría de las «Palabras de justificación» que abren el *Libro de poemas:* «Tengo para mí que las breves líneas de presentación [...] las escribió el propio Maroto, en vista de que no había forma de que el poeta lo hiciera...». Ian Gibson acepta el dato, utilizando como apoyo el testimonio oral de Francisco García Lorca, quien, más que nada, transmite su convencimiento de que Federico no cuidó la edición, cuyas pruebas de imprenta se encargó de corregir Maroto[33].

Usando como contraste la reseña de Salazar, resulta difícil creer que la nota introductoria no sea de mano del autor. Por convencional que sea, su título no ha sido elegido al azar, pues estamos ante una verdadera justificación del contenido del libro. Al mismo tiempo el poeta defiende la decisión que ha tomado de publicar su amplia colección de poemas, de-

---

33. J. Mora Guarnido, *F. G. L. y su mundo,* Buenos Aires, Losada, 1958, págs. 121-22; Ian Gibson, ed. cit., págs. 5-6. Ya en pruebas este volumen, el propio Gibson me señala que, atento a otros problemas, descuidó rebatir la afirmación de Mora, en la que no cree de ningún modo.

clarándose consciente de «su incorrección» y «limitación segura». ¿No es la misma actitud que da a entender Salazar, claramente informado por el propio Lorca? Añade incluso el poeta: «Ruindad fuera el menospreciar esta obra que tan enlazada está a mi propia vida». La frase sugiere los posibles titubeos del autor, sustancialmente inédito como poeta a pesar de la fama que ya había alcanzado en los medios literarios de Granada y Madrid, como reseña Mora Guarnido. Éste avanza una opinión, no un convencimiento, entre otros motivos porque en el tiempo recordado Lorca iba ampliando cada vez más su círculo de amigos, necesitado de nuevos oyentes de su poesía en su permanente modo oral de expandirla. Sus amigos granadinos, entre ellos Mora, no eran ya los de trato constante y diario.

Sin embargo, en algo debe tener razón el biógrafo de Lorca, pues no en vano echa mano a sus recuerdos. Me parece en principio improbable que la nota discutida fuera escrita por Maroto. Se necesita un esfuerzo de sustitución anímica poco creíble. Maroto, pintor metido a editor con el padrinazgo espiritual de Juan Ramón Jiménez, lo que en todo caso hubiera hecho es cumplir con su papel, es decir, defender el producto que lanzaba al mercado, guardándose para sí, o diluyendo al máximo, las dudas que pudiera abrigar. No obstante, el poeta sí pudo mostrar a última hora profundas dudas sobre la oportunidad de editar unos poemas «antiguos», ajenos en gran medida al tipo de poesía que entonces estaba cultivando. Pudo Maroto sugerir como salida un prólogo explicativo, decir incluso que estaba dispuesto a escribirlo él mismo. Lo que parece evidente es que el libro, genial o no, se bastaba a sí mismo como colección de poemas. La necesidad de prologarlo, sobre todo con una nota como la que se incluyó, era algo que podía sentir el autor, de ningún modo el editor. Éste, de pensar en que era necesario prestigiar el volumen con un prólogo, hubiera acudido a Juan Ramón Jiménez o a otro escritor suficientemente consagrado.

Las presiones a que alude Mora Guarnido seguramente existieron, pero dirigidas a un objetivo: lograr que Lorca diera el visto bueno a la edición tras escribir lo que ya debía estar hablado, vía de escape para solucionar las resistencias de última hora. Un proceso idéntico al que aquí se supone se produjo ante el estreno de *El maleficio de la mariposa*. Avanzados los ensayos, el poeta estuvo dispuesto a retirar la obra por las dudas que tenía sobre su calidad, ya determinado a resarcir al empresario con el concurso material de su padre. Hubo incluso un cónclave de los amigos granadinos del poeta en una sala del Ateneo. A él asistió, junto con Manuel Ángeles Ortiz y José F. Montesinos, el narrador de los hechos, Mora Guarnido[34]. Lorca se convenció de que debía seguir adelante, hubiera o no fracaso.

A la hora de la poesía, un modo de conjurarlo podía venirle por la advertencia preliminar. Por otro lado, una de dos: o Maroto ya había iniciado el proceso de impresión, y de ahí su lógico interés en rematarlo, o contaba, en una empresa incipiente como la suya, con que el libro se le ofrecía con los costos cubiertos por la familia del poeta. Al margen de la amistad existente, ésta podía ser una razón no despreciable. Y en cuanto al desasosiego del autor, tenemos sus palabras en la mencionada carta que le dirige a Salazar nada más aparecer la reseña:

Estoy en absoluto conforme contigo en las cosas que *me echas en cara de mi libro*. ¡Hay muchas más!..., pero eso lo vi yo antes... Lo que es malo salta a la vista..., pero, querido Adolfo, cuando los poemas estaban en la imprenta me parecían (y me parecen) todos lo mismo de malos. Manolo [Ángeles Ortiz] te puede decir los malos ratos que pasé..., ¡pero no había más remedio! ¡Si tú supieras! En mi libro yo no me encuentro, estoy perdido por los campos terribles del ensayo, llevando mi corazón, lleno de ternura y de sencillez, por la vereda declamatoria, por la vereda humorística, por la vereda in-

---

34. Ob. cit., págs. 126-127.

decisa, hasta que al fin creo haber encontrado un caminito lleno de margaritas y lagartijas multicolores.

Ya ves cómo me pesarán estos versos terribles que me citas que en mi casa ¡no hay un libro mío!..., así que estoy como si no lo hubiera publicado. Y si no fuera por mis padres (que dicen que soy un fracasado porque no hablan de mí), yo no te hubiera dicho que te enteraras de mis críticas, etc., etc. Pero mi familia, que está disgustada conmigo porque no he aprobado las asignaturas, les gusta, claro está, que se hable del libro.

Con todas las distancias que se quieran marcar, cabe aducir, como justificación última, un ejemplo paralelo de palabras preliminares. También Pablo Neruda se sintió en la necesidad de escribir una «Advertencia del autor» para la primera edición de *El hondero entusiasta*[35]. No se trata estrictamente del mismo caso, pues Neruda, de modo contrario a Lorca, había retenido la publicación de un libro que consideraba inmaduro. Escrito en 1923-1924, su primera edición es de 1933, cuando ya no podía perjudicarle en su imagen literaria. Neruda entregó entonces su libro a la imprenta «como un documento, válido para aquellos que se interesan por mi poesía». Insiste en su advertencia: «...este libro no quiere ser, lo repito, sino el documento de una juventud excesiva y ardiente». Aunque el tono sea más distante en Neruda, como explican las mismas fechas, su actitud no difiere en mucho de la del poeta español. A pesar de las confesadas limitaciones, para Lorca su libro se constituía en «imagen exacta de mis días de adolescencia y juventud», con la virtud, añade, «de recordarme en todo instante mi infancia apasionada...». El paralelismo de las dos notas preliminares, por tenue que pueda ser considerado, lo que subraya claramente es la toma de posición de uno y otro autor ante una serie de poemas que ambos veían con ojos críticos. Me

---

35. En *Obras completas,* I, Buenos Aires, Losada, 1967³, pág. 155. Para los datos sobre el libro, cf. t. II, pág. 1344, en la bibliografía fijada por Hernán Loyola.

parece, pues, inverosímil que las palabras que introducen al *Libro de poemas,* con su yo por delante, puedan ser de Gabriel García Maroto. Lorca entregó su libro a la imprenta con sentimientos contradictorios, con un «no hay más remedio» que resulta difícil de esclarecer en su alusión específica. Pero el joven poeta necesitaba expresar su propia contradicción, una de cuyas caras estaba formada por la confianza en un libro «todo ardor juvenil, y tortura, y ambición sin medida». Esta ambición probablemente desborda el campo de la fama literaria, pero, reducidos a ella, ya Prados había notado en el amigo un compartido deseo: «... su afán por subir a la cumbre de la gloria».

Lorca necesitó siempre copistas y editores que pusieran a punto sus manuscritos. Su propia madre, que tenía una letra impecable, se le quejaba en una carta: no podía sacar gusto a la lectura de sus versos autógrafos, con letra difícil o descuidada, pues a cada paso «se desentonaba», perdiendo, pues, el ritmo[36]. (Curiosa opinión de lectora de oído, de quien pone atención en el lado musical del verso.) Por ello doña Vicenta Lorca, maestra de profesión, deseaba ver pronto aquellos poemas en letra de molde, para poder gozar de los versos del hijo sin los impedimentos que imponían los autógrafos. La carta aludida la recibe Lorca en noviembre de 1920, cuando ya se hallaba en la Residencia madrileña. Poco después pudo confiar a Maroto la tarea de «sacar en limpio» los poemas, antes de que se empezaran a componer en la imprenta. El pintor metido a editor debió cumplir con el encargo del mejor modo posible, respetando peculiaridades del original manuscrito que acaso un editor del estilo de Bergamín (piénsese en *Poeta en Nueva York*) hubiera corregido: las formas dialectales *riyendo* o *sonriyendo,* la puntuación de algunos versos, etc. Ya el heptasílabo *y riyéndote a gritos,* del

---

36. El fragmento glosado, como la carta que se cita después, los reproduje en la introducción a Francisco G. Lorca, ob. cit., pág. XII.

poema primero del libro, «Veleta», había aparecido así en *La Pluma: y riéndote...* La corrección pudo ser de Juan Ramón o de la revista, pues la forma que se restituye en el libro es propia del autor[37].

El papel que atribuyo a Maroto no es más que una hipótesis, aunque apoyada en lo sugerido por Mora Guarnido y en el examen de las peculiaridades de la edición. La lectura del volumen produce, además, la impresión de que el poeta se desentendió en el proceso final. Lorca indica ante su libro: «En estas páginas desordenadas...». No es sólo un posible tópico de presentación. La cuidada ordenación de sus libros poéticos posteriores no se refleja de ningún modo en éste, incluso con un poema, «El camino», que fue añadido con el volumen en pruebas. Sugiere esta posibilidad, entre otros datos, el que no encabece página, como todos los restantes, y que sea el único que carece de fecha. El poeta, pues, habría seleccionado los poemas que consideraba mejores y más representativos de su evolución y logros, entregándoselos a Maroto en un orden del que acaso no se consideraba satisfecho. El libro carece de secciones y la continuidad de los poemas no parece obedecer a un plan meditado con detenimiento. Esto no impide que el poema primero tenga carácter de poema-prólogo y que se puedan distinguir signos de una vaga ordenación, ya sugerida por el hecho de que no se haya adoptado la puramente cronológica, fácil recurso ante la datación resaltada de todos los poemas menos uno. Por ello son de creer en este punto las observaciones de Mora Guarnido. El desorden indicado por el mismo autor da a entender que Lorca escribe a la vista del libro «terminado», acaso ante las pruebas, y que se ha despreocupado, en mayor o en menor grado, de su ordenación.

---

37. Sobre formas dialectales como *delantaritos, sonriyendo,* cf. Francisco G. Lorca, *ibíd.,* págs. 63-64, y Manuel Alvar, «Los dialectalismos en la poesía española del siglo xx», *Revista de Filología Española,* XLIII (1960), pág. 77.

Consta de casi todas las obras lorquianas editadas en vida del poeta que le fueron sacadas a la fuerza por sus amigos y editores. Los testimonios concuerdan al menos respecto a las ediciones del *Libro de poemas,* del *Poema del cante jondo* (1931) y de *Bodas de sangre* (1936). Según Mora Guarnido, es lo que habría sucedido con la primera obra. Sin negar que el hecho tenga una parte de verdad, conviene verificarlo sobre datos concretos. Una segunda carta de la madre del poeta, de marzo de 1921, ilumina parte de lo ocurrido. Aparentemente Lorca habría escrito a sus padres pidiéndoles que se hicieran cargo de los gastos de la edición. Sin saber todavía quién iba a ser el editor del ya mencionado como «libro», ni cuál el momento pensado para la impresión, contestaba doña Vicenta Lorca: «La publicación del poema por tu cuenta nos parece muy bien, pues ya sabes que tu padre está dispuesto (en trabajando vosotros) a todo lo que sea menester». El paréntesis es suficientemente explícito sobre la tácita condición, pero el pasaje aclara sin sombra de duda el apoyo material de antemano concedido. Amparado en él, Lorca formalizaría su acuerdo con Maroto, en cuya imprenta el libro se terminó de imprimir el 15 de junio, según atestigua el colofón. Una carta de Maroto a Lorca, fechada el 7 de julio y ya enviada a Granada, esclarece que el importe de la edición se elevaba a 1.700 pesetas, cantidad indudablemente alta. La tirada debió elevarse, pues, por encima de los mil ejemplares. Por la misma carta sabemos que Maroto, sin duda a partir de conversaciones habidas, esperaba imprimir nuevos «libros» de Lorca en el otoño, dato coincidente con lo escrito por Salazar.

Refiriéndose en especial a los poemas fechados en 1920, el crítico de *El Sol* señalaba la «exquisita mezcla de aristocracia y popularidad que tiene la poesía de Lorca», en la huella de Juan Ramón y de la poesía popular. Lorca mismo, a pesar de las comentadas palabras de su justificación, advertía en ella la notada importancia que tenía para él el reflejo de su infancia, virtud de su libro, indicaba, «entre otras muchas que yo advierto». Años después, en carta a Miguel Hernández, que acababa de editar *Perito en lunas* (1933), le aseguraba: «Tu libro está en silencio, como todos los primeros libros, como mi primer libro, que tanto encanto y tanta fuerza tenía». El silencio de la crítica no fue tan grande ante el libro lorquiano (se han citado cuatro reseñas), pero aquellos poemas juveniles sí tenían las virtudes que su autor les atribuye. Algo más: anunciaban y certificaban públicamente, no ya ante el mero corro de oyentes, el nacimiento de un poeta grande y variado, que con indudable inmadurez, pero con hallazgos de visión e inspiración poderosísima, exploraba caminos diversos con voz y sabiduría diferenciadas. El sentimental, vehemente, a veces irónico *Libro de poemas* registra los mundos de introspección del joven poeta –amor, muerte, infancia, naturaleza, ser del poeta y de la poesía, divinidad– con sensualidad plástica, con desgarrado acento elegíaco. El poeta ya anhelaba un futuro

> Cantar que vaya al alma de las cosas
> y al alma de los vientos
> y que descanse al fin en la alegría
> del corazón eterno.

MARIO HERNÁNDEZ

Libro de poemas

A mi hermano Paquito

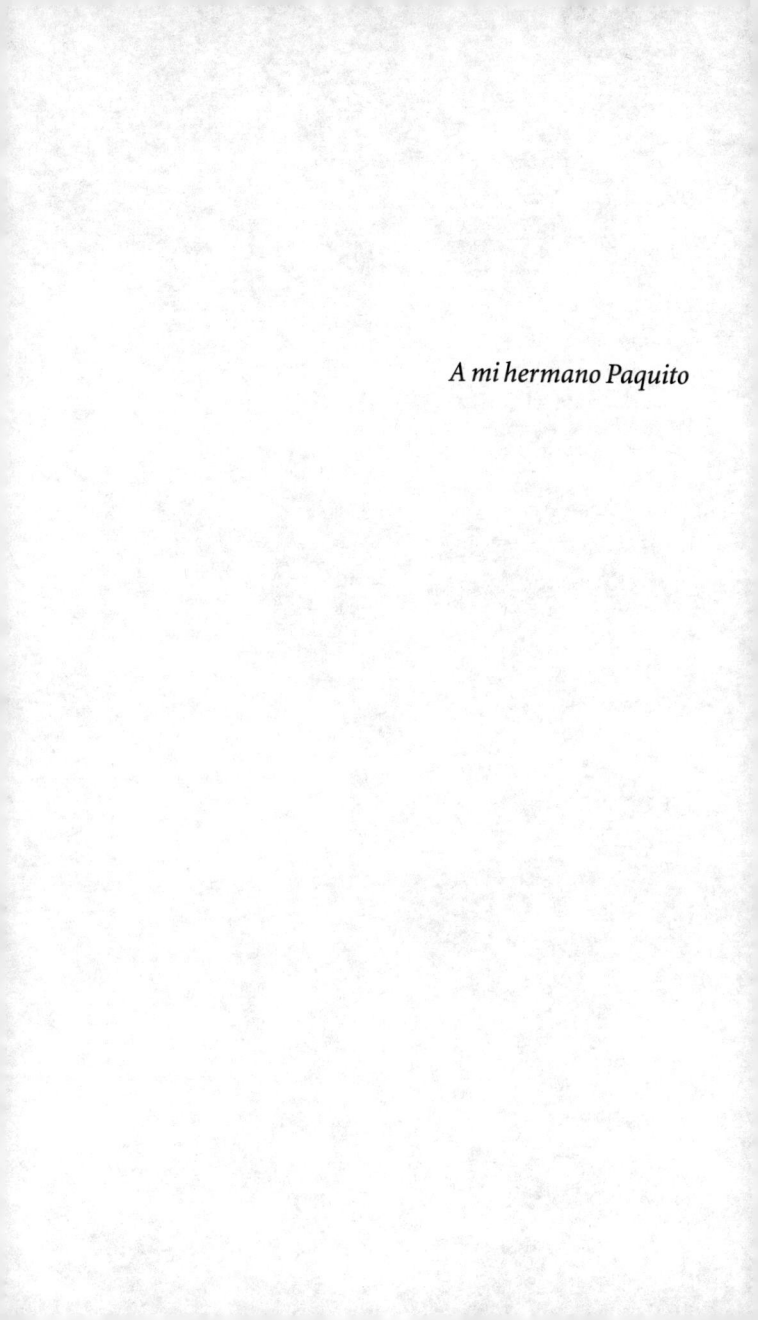

Palabras de justificación

Ofrezco en este libro, todo ardor juvenil, y tortura, y ambición sin medida, la imagen exacta de mis días de adolescencia y juventud, esos días que enlazan el instante de hoy con mi misma infancia reciente.

En estas páginas desordenadas va el reflejo fiel de mi corazón y de mi espíritu, teñido del matiz que le prestara, al poseerlo, la vida palpitante en torno recién nacida para mi mirada.

Se hermana el nacimiento de cada una de estas poesías que tienes en tus manos, lector, al propio nacer de un brote nuevo del árbol músico de mi vida en flor. Ruindad fuera el menospreciar esta obra que tan enlazada está a mi propia vida.

Sobre su incorrección, sobre su limitación segura, tendrá este libro la virtud, entre otras muchas que yo advierto, de recordarme en todo instante mi infancia apasionada correteando desnuda por las praderas de una vega sobre un fondo de serranía.

Veleta

Julio de 1920

(Fuente Vaqueros,
Granada)

Viento del Sur.
Moreno, ardiente,
llegas sobre mi carne,
trayéndome semilla
de brillantes
miradas, empapado
de azahares.

Pones roja la luna
y sollozantes
los álamos cautivos, pero vienes
¡demasiado tarde!
¡Ya he enrollado la noche de mi cuento
en el estante!

Sin ningún viento,
¡hazme caso!
Gira, corazón;
gira, corazón.

Aire del Norte,
¡oso blanco del viento!,
llegas sobre mi carne
tembloroso de auroras
boreales,
con tu capa de espectros
capitanes,
y riyéndote a gritos
del Dante.
¡Oh pulidor de estrellas!
Pero vienes
demasiado tarde.
Mi almario está musgoso
y he perdido la llave.

Sin ningún viento,
¡hazme caso!
Gira, corazón;
gira, corazón.

Brisas, gnomos y vientos
de ninguna parte,
mosquitos de la rosa
de pétalos pirámides,
alisios destetados
entre los rudos árboles,
flautas en la tormenta,
¡dejadme!
Tiene recias cadenas
mi recuerdo,

y está cautiva el ave
que dibuja con trinos
la tarde.

   Las cosas que se van no vuelven nunca,
todo el mundo lo sabe,
y entre el claro gentío de los vientos
es inútil quejarse.
¿Verdad, chopo, maestro de la brisa?
¡Es inútil quejarse!

   Sin ningún viento,
¡hazme caso!
Gira, corazón;
gira, corazón.

Los encuentros de un caracol aventurero

Diciembre de 1918

(Granada)

A Ramón P. Roda

Hay dulzura infantil
en la mañana quieta.
Los árboles extienden
sus brazos a la tierra.
Un vaho tembloroso
cubre las sementeras,
y las arañas tienden
sus caminos de seda
–rayas al cristal limpio
del aire–.
　　En la alameda
un manantial recita
su canto entre las hierbas.
Y el caracol, pacífico
burgués de la vereda,
ignorado y humilde,
el paisaje contempla.
La divina quietud

de la Naturaleza
le dio valor y fe,
y olvidando las penas
de su hogar, deseó
ver el fin de la senda.

Echó a andar e internóse
en un bosque de yedras
y de ortigas. En medio
había dos ranas viejas
que tomaban el sol,
aburridas y enfermas.

«Estos cantos modernos
–murmuraba una de ellas–
son inútiles.» «Todos,
amiga –le contesta
la otra rana, que estaba
herida y casi ciega–.
Cuando joven creía
que si al fin Dios oyera
nuestro canto, tendría
compasión. Y mi ciencia,
pues ya he vivido mucho,
hace que no lo crea.
Yo ya no canto más...»

Las dos ranas se quejan
pidiendo una limosna

a una ranita nueva
que pasa presumida
apartando las hierbas.

    Ante el bosque sombrío
el caracol, se aterra.
Quiere gritar. No puede.
Las ranas se le acercan.

    «¿Es una mariposa?»,
dice la casi ciega.
«Tiene dos cuernecitos
–la otra rana contesta–.
Es el caracol. ¿Vienes,
caracol, de otras tierras?»

    «Vengo de mi casa y quiero
volverme muy pronto a ella.»
«Es un bicho muy cobarde
–exclama la rana ciega–.
¿No cantas nunca?» «No canto»,
dice el caracol. «¿Ni rezas?»
«Tampoco: nunca aprendí.»
«¿Ni crees en la vida eterna?»
«¿Qué es eso?»
              «Pues vivir siempre
en el agua más serena,
junto a una tierra florida
que a un rico manjar sustenta.»

«Cuando niño a mí me dijo
un día mi pobre abuela
que al morirme yo me iría
sobre las hojas más tiernas
de los árboles más altos.»

«Una hereje era tu abuela.
La verdad te la decimos
nosotras. Creerás en ella»,
dicen las ranas furiosas.

«¿Por qué quise ver la senda?
–gime el caracol–. Sí, creo
por siempre en la vida eterna
que predicáis...»
                Las ranas,
muy pensativas, se alejan,
y el caracol, asustado,
se va perdiendo en la selva.

Las dos ranas mendigas
como esfinges se quedan.
Una de ellas pregunta:
«¿Crees tú en la vida eterna?»
«Yo no», dice muy triste
la rana herida y ciega.
«¿Por qué hemos dicho entonces
al caracol que crea?»
«¿Por qué?... No sé por qué

–dice la rana ciega–.
Me lleno de emoción
al sentir la firmeza
con que llaman mis hijos
a Dios desde la acequia...»

El pobre caracol
vuelve atrás. Ya en la senda
un silencio ondulado
mana de la alameda.
Con un grupo de hormigas
encarnadas se encuentra.
Van muy alborotadas,
arrastrando tras ellas
a otra hormiga que tiene
tronchadas las antenas.
El caracol exclama:
«Hormiguitas, paciencia.
¿Por qué así maltratáis
a vuestra compañera?
Contadme lo que ha hecho.
Yo juzgaré en conciencia.
Cuéntalo tú, hormiguita.»

La hormiga medio muerta
dice muy tristemente:
«Yo he visto las estrellas.»
«¿Qué son estrellas?», dicen
las hormigas inquietas.

Y el caracol pregunta
pensativo: «¿Estrellas?»
«Sí –repite la hormiga–.
He visto las estrellas.
Subí al árbol más alto
que tiene la alameda
y vi miles de ojos
dentro de mis tinieblas.»
El caracol pregunta:
«¿Pero qué son estrellas?»
«Son luces que llevamos
sobre nuestra cabeza.»
«Nosotras no las vemos»,
las hormigas comentan.
Y el caracol: «Mi vista
sólo alcanza a las hierbas.»

Las hormigas exclaman
moviendo sus antenas:
«Te mataremos, eres
perezosa y perversa.
El trabajo es tu ley.»

«Yo he visto a las estrellas»,
dice la hormiga herida.
Y el caracol sentencia:
«Dejadla que se vaya,
seguid vuestras faenas.
Es fácil que muy pronto
ya rendida se muera.»

Por el aire dulzón
ha cruzado una abeja.
La hormiga, agonizando,
huele la tarde inmensa
y dice: «Es la que viene
a llevarme a una estrella.»

   Las demás hormiguitas
huyen al verla muerta.

   El caracol suspira
y aturdido se aleja
lleno de confusión
por lo eterno. «La senda
no tiene fin –exclama–.
Acaso a las estrellas
se llegue por aquí.
Pero mi gran torpeza
me impedirá llegar.
No hay que pensar en ellas.»

   Todo estaba brumoso
de sol débil y niebla.
Campanarios lejanos
llaman gente a la iglesia,
y el caracol, pacífico
burgués de la vereda,
aturdido e inquieto
el paisaje contempla.

Canción otoñal

Noviembre de 1918

(Granada)

Hoy siento en el corazón
un vago temblor de estrellas
pero mi senda se pierde
en el alma de la niebla.
La luz me troncha las alas
y el dolor de mi tristeza
va mojando los recuerdos
en la fuente de la idea.

Todas las rosas son blancas,
tan blancas como mi pena,
y no son las rosas blancas,
que ha nevado sobre ellas.
Antes tuvieron el iris.
También sobre el alma nieva.
La nieve del alma tiene
copos de besos y escenas

que se hundieron en la sombra
o en la luz del que las piensa.
La nieve cae de las rosas
pero la del alma queda,
y la garra de los años
hace un sudario con ella.

¿Se deshelará la nieve
cuando la muerte nos lleva?
¿O después habrá otra nieve
y otras rosas más perfectas?

¿Será la paz con nosotros
como Cristo nos enseña?
¿O nunca será posible
la solución del problema?

¿Y si el Amor nos engaña?
¿Quién la vida nos alienta
si el crepúsculo nos hunde
en la verdadera ciencia
del Bien que quizá no exista
y del Mal que late cerca?

Si la esperanza se apaga
y la Babel se comienza,
¿qué antorcha iluminará
los caminos en la Tierra?

Si el azul es un ensueño,
¿qué será de la inocencia?
¿Qué será del corazón
si el Amor no tiene flechas?

Y si la muerte es la muerte,
¿qué será de los poetas
y de las cosas dormidas
que ya nadie las recuerda?
¡Oh sol de las esperanzas!
¡Agua clara! ¡Luna nueva!
¡Corazones de los niños!
¡Almas rudas de las piedras!
Hoy siento en el corazón
un vago temblor de estrellas
y todas las rosas son
tan blancas como mi pena.

Canción primaveral

28 de marzo de 1919

(Granada)

I

Salen los niños alegres
de la escuela,
poniendo en el aire tibio
del Abril, canciones tiernas.
¡Qué alegría tiene el hondo
silencio de la calleja!
Un silencio hecho pedazos
por risas de plata nueva.

II

Voy camino de la tarde
entre flores de la huerta
dejando sobre el camino
el agua de mi tristeza.

En el monte solitario
un cementerio de aldea
parece un campo sembrado
con granos de calaveras.
Y han florecido cipreses
como gigantes cabezas
que con órbitas vacías
y verdosas cabelleras
pensativos y dolientes
el horizonte contemplan.

¡Abril divino, que vienes
cargado de sol y esencias,
llena con nidos de oro
las floridas calaveras!

Canción menor

Diciembre de 1918
(Granada)

Tienen gotas de rocío
las alas del ruiseñor,
gotas claras de la luna
cuajadas por su ilusión.

Tiene el mármol de la fuente
el beso del surtidor,
sueño de estrellas humildes.

Las niñas de los jardines
me dicen todas adiós
cuando paso. Las campanas
también me dicen adiós.
Y los árboles se besan
en el crepúsculo. Yo
voy llorando por la calle,
grotesco y sin solución,
con tristeza de Cyrano

y de Quijote,
           redentor
de imposibles infinitos
con el ritmo del reloj.
Y veo secarse los lirios
al contacto de mi voz
manchada de luz sangrienta,
y en mi lírica canción
llevo galas de payaso
empolvado. El amor
bello y lindo se ha escondido
bajo una araña. El sol
como otra araña me oculta
con sus patas de oro. No
conseguiré mi ventura,
pues soy como el mismo Amor,
cuyas flechas son de llanto,
y el carcaj el corazón.

   Daré todo a los demás
y lloraré mi pasión
como niño abandonado
en cuento que se borró.

Elegía a Doña Juana la Loca

Diciembre de 1918

(Granada)

A Melchor Fernández Almagro

Princesa enamorada sin ser correspondida.
Clavel rojo en un valle profundo y desolado.
La tumba que te guarda rezuma tu tristeza
a través de los ojos que ha abierto sobre el mármol.

Eras una paloma con alma gigantesca
cuyo nido fue sangre del suelo castellano.
Derramaste tu fuego sobre un cáliz de nieve
y al querer alentarlo tus alas se troncharon.

Soñabas que tu amor fuera como el infante
que te sigue sumiso recogiendo tu manto.
Y en vez de flores, versos y collares de perlas
te dio la Muerte rosas marchitas en un ramo.

Tenías en el pecho la formidable aurora
de Isabel de Segura, Melibea. Tu canto,
como alondra que mira quebrarse el horizonte,
se torna de repente monótono y amargo.

Y tu grito estremece los cimientos de Burgos.
Y oprime la salmodia del coro cartujano.
Y choca con los ecos de las lentas campanas
perdiéndose en la sombra tembloroso y rasgado.

Tenías la pasión que da el cielo de España.
La pasión del puñal, de la ojera y el llanto.
¡Oh princesa divina de crepúsculo rojo,
con la rueca de hierro y de acero lo hilado!
Nunca tuviste el nido, ni el madrigal doliente,
ni el laúd juglaresco que solloza lejano.
Tu juglar fue un mancebo con escamas de plata
y un eco de trompeta su acento enamorado.

Y, sin embargo, estabas para el amor formada,
hecha para el suspiro, el mimo y el desmayo.
Para llorar tristeza sobre el pecho querido
deshojando una rosa de olor entre los labios.

Para mirar la luna bordada sobre el río
y sentir la nostalgia que en sí lleva el rebaño.
Y mirar los eternos jardines de la sombra.
¡Oh princesa morena que duermes bajo el mármol!

¿Tienes los ojos negros abiertos a la luz?
O se enredan serpientes a tus senos exhaustos...
¿Dónde fueron tus besos lanzados a los vientos?
¿Dónde fue la tristeza de tu amor desgraciado?
En el cofre de plomo, dentro de tu esqueleto,
tendrás el corazón partido en mil pedazos.

Y Granada te guarda como santa reliquia,
¡oh princesa morena que duermes bajo el mármol!
Eloísa y Julieta fueron dos margaritas
pero tú fuiste un rojo clavel ensangrentado,
que vino de la tierra dorada de Castilla
a dormir entre nieves y cipresales castos.

Granada era tu lecho de muerte, Doña Juana;
los cipreses tus cirios;
la sierra tu retablo.
Un retablo de nieve que mitigue tus ansias
¡con el agua que pasa junto a ti! ¡La del Dauro!

Granada era tu lecho de muerte, Doña Juana,
la de las torres viejas y del jardín callado,
la de la yedra muerta sobre los muros rojos,
la de la niebla azul y el arrayán romántico.

Princesa enamorada y mal correspondida.
Clavel rojo en un valle profundo y desolado.
La tumba que te guarda rezuma tu tristeza
a través de los ojos que ha abierto sobre el mármol.

¡Cigarra!

3 de agosto de 1918
(Fuente Vaqueros,
Granada)

A María Luisa

¡Cigarra!
¡Dichosa tú!
Que sobre lecho de tierra
mueres borracha de luz.

Tú sabes de las campiñas
el secreto de la vida,
y el cuento del hada vieja
que nacer hierba sentía
en ti quedóse guardado.

¡Cigarra!
¡Dichosa tú!
Pues mueres bajo la sangre
de un corazón todo azul.

La luz es Dios que desciende,
y el sol,
brecha por donde se filtra.

    ¡Cigarra!
¡Dichosa tú!
Pues sientes en la agonía
todo el peso del azul.

    Todo lo vivo que pasa
por las puertas de la muerte
va con la cabeza baja
y un aire blanco durmiente.
Con habla de pensamiento.
Sin sonidos...
Tristemente,
cubierto con el silencio
que es el manto de la muerte.

    Mas tú, cigarra encantada,
derramando son te mueres
y quedas trasfigurada
en sonido y luz celeste.

    ¡Cigarra!
¡Dichosa tú!
Pues te envuelve con su manto
el propio Espíritu Santo,
que es la luz.

    ¡Cigarra!
Estrella sonora
sobre los campos dormidos,
vieja amiga de las ranas

y de los oscuros grillos,
tienes sepulcros de oro
en los rayos tremolinos
del sol que dulce te hiere
en la fuerza del Estío,
y el sol se lleva tu alma
para hacerla luz.

Sea mi corazón cigarra
sobre los campos divinos.
Que muera cantando lento
por el cielo azul herido
y cuando esté ya expirando
una mujer que adivino
lo derrame con sus manos
por el polvo.

Y mi sangre sobre el campo
sea rosado y dulce limo
donde claven sus azadas
los cansados campesinos.

¡Cigarra!
¡Dichosa tú!
Pues te hieren las espadas invisibles
del azul.

Balada triste
Pequeño poema

Abril de 1918

(Granada)

¡Mi corazón es una mariposa,
niños buenos del prado!,
que presa por la araña gris del tiempo
tiene el polen fatal del desengaño.

De niño yo canté como vosotros,
niños buenos del prado,
solté mi gavilán con las temibles
cuatro uñas de gato.
Pasé por el jardín de Cartagena,
la verbena invocando,
y perdí la sortija de mi dicha
al pasar el arroyo imaginario.

Fui también caballero
una tarde fresquita de mayo.

Ella era entonces para mí el enigma,
estrella azul sobre mi pecho intacto.
Cabalgué lentamente hacia los cielos,
era un domingo de pipirigallo,
y vi que en vez de rosas y claveles
ella tronchaba lirios con sus manos.

Yo siempre fui intranquilo,
niños buenos del prado,
el *ella* del romance me sumía
en ensoñares claros.
¿Quién será la que coge los claveles
y las rosas de mayo?
¿Y por qué la verán sólo los niños
a lomos de Pegaso?
¿Será esa misma la que en los rondones
con tristeza llamamos
Estrella, suplicándole que salga
a danzar por el campo?...

En abril de mi infancia yo cantaba,
niños buenos del prado,
la *ella* impenetrable del romance
donde sale Pegaso.
Yo decía en las noches la tristeza
de mi amor ignorado,
y la luna lunera, ¡qué sonrisa
ponía entre sus labios!

¿Quién será la que corta los claveles
y las rosas de mayo?
Y de aquella chiquita, tan bonita,
que su madre ha casado,
¿en qué oculto rincón de cementerio
dormirá su fracaso?

   Yo solo con mi amor desconocido,
sin corazón, sin llantos,
hacia el techo imposible de los cielos
con un gran sol por báculo.

   ¡Qué tristeza tan seria me da sombra!,
niños buenos del prado,
cómo recuerda dulce el corazón
los días ya lejanos...
¿Quién será la que corta los claveles
y las rosas de mayo?

Mañana

7 de agosto de 1918

(Fuente Vaqueros,
Granada)

A Fernando Marchesi

Y la canción del agua
es una cosa eterna.

Es la savia entrañable
que madura los campos.
Es sangre de poetas
que dejaron sus almas
perderse en los senderos
de la Naturaleza.

¡Qué armonías derrama
al brotar de la peña!
Se abandona a los hombres
con sus dulces cadencias.

La mañana está clara.
Los hogares humean
y son los humos brazos
que levantan la niebla.

Escuchad los romances
del agua en las choperas.
¡Son pájaros sin alas
perdidos entre hierbas!

Los árboles que cantan
se tronchan y se secan.
Y se tornan llanuras
las montañas serenas.
Mas la canción del agua
es una cosa eterna.

Ella es luz hecha canto
de ilusiones románticas.
Ella es firme y süave,
llena de cielo y mansa,
ella es niebla y es rosa
de la eterna mañana.
Miel de luna que fluye
de estrellas enterradas.
¿Qué es el santo bautismo,
sino Dios hecho agua
que nos unge las frentes
con su sangre de gracia?
Por algo Jesucristo
en ella confirmóse.
Por algo las estrellas
en sus ondas descansan.
Por algo Madre Venus

en su seno engendróse,
que amor de amor tomamos
cuando bebemos agua.
Es el amor que corre
todo manso y divino,
es la vida del mundo,
la historia de su alma.

    Ella lleva secretos
de las bocas humanas,
pues todos la besamos
y la sed nos apaga.
Es un arca de besos,
de bocas ya cerradas,
es eterna cautiva,
del corazón hermana.

    Cristo debió decirnos:
«Confesaos con el agua,
de todos los dolores,
de todas las infamias.
¿A quién mejor, hermanos,
entregar nuestras ansias
que a ella que sube al cielo
en envolturas blancas?»

    No hay estado perfecto
como al tomar el agua.

Nos volvemos más niños
y más buenos: y pasan
nuestras penas vestidas
con rosadas guirnaldas.
Y los ojos se pierden
en regiones doradas.
¡Oh fortuna divina
por ninguno ignorada!
Agua dulce en que tantos
sus espíritus lavan,
no hay nada comparable
con tus orillas santas
si una tristeza honda
nos ha dado sus alas.

La sombra de mi alma

Diciembre de 1919
(Madrid)

La sombra de mi alma
huye por un ocaso de alfabetos,
niebla de libros
y palabras.

¡La sombra de mi alma!

He llegado a la línea donde cesa
la nostalgia,
y la gota de llanto se transforma,
alabastro de espíritu.

(¡La sombra de mi alma!)

El copo del dolor
se acaba,
pero queda la razón y la sustancia
de mi viejo mediodía de labios,

de mi viejo mediodía
de miradas.

Un turbio laberinto
de estrellas ahumadas
enreda mi ilusión
casi marchita.

¡La sombra de mi alma!

Y una alucinación
me ordeña las miradas.
Veo la palabra amor
desmoronada.

¡Ruiseñor mío!
¡Ruiseñor!
¿Aún cantas?

Lluvia
Enero de 1919
(Granada)

La lluvia tiene un vago secreto de ternura,
algo de soñolencia resignada y amable.
Una música humilde se despierta con ella
que hace vibrar el alma dormida del paisaje.

Es un besar azul que recibe la Tierra,
el mito primitivo que vuelve a realizarse.
El contacto ya frío de cielo y tierra viejos
con una mansedumbre de atardecer constante.

Es la aurora del fruto. La que nos trae las flores
y nos unge de espíritu santo de los mares.
La que derrama vida sobre las sementeras
y en el alma tristeza de lo que no se sabe.

La nostalgia terrible de una vida perdida,
el fatal sentimiento de haber nacido tarde,
o la ilusión inquieta de un mañana imposible
con la inquietud cercana del dolor de la carne.

El amor se despierta en el gris de su ritmo,
nuestro cielo interior tiene un triunfo de sangre,
pero nuestro optimismo se convierte en tristeza
al contemplar las gotas muertas en los cristales.

Y son las gotas: ojos de infinito que miran
al infinito blanco que les sirvió de madre.

Cada gota de lluvia tiembla en el cristal turbio
y le dejan divinas heridas de diamante.
Son poetas del agua que han visto y que meditan
lo que la muchedumbre de los ríos no sabe.

¡Oh lluvia silenciosa sin tormentas ni vientos,
lluvia mansa y serena de esquila y luz süave,
lluvia buena y pacífica que eres la verdadera,
la que amorosa y triste sobre las cosas caes!

¡Oh lluvia franciscana que llevas a tus gotas
almas de fuentes claras y humildes manantiales!
Cuando sobre los campos desciendes lentamente
las rosas de mi pecho con tus sonidos abres.

El canto primitivo que dices al silencio
y la historia sonora que cuentas al ramaje
los comenta llorando mi corazón desierto
en un negro y profundo pentágrama sin clave.

Mi alma tiene tristeza de la lluvia serena,
tristeza resignada de cosa irrealizable,
tengo en el horizonte un lucero encendido
y el corazón me impide que corra a contemplarle.

¡Oh lluvia silenciosa que los árboles aman
y eres sobre el piano dulzura emocionante,
das al alma las mismas nieblas y resonancias
que pones en el alma dormida del paisaje!

Si mis manos pudieran deshojar

10 de noviembre de 1919

(Granada)

Yo pronuncio tu nombre
en las noches oscuras
cuando vienen los astros
a beber en la luna
y duermen los ramajes
de las frondas ocultas.
Y yo me siento hueco
de pasión y de música.
Loco reloj que canta
muertas horas antiguas.

Yo pronuncio tu nombre,
en esta noche oscura,
y tu nombre me suena
más lejano que nunca.
Más lejano que todas las estrellas
y más doliente que la mansa lluvia.

¿Te querré como entonces
alguna vez? ¿Qué culpa
tiene mi corazón?
Si la niebla se esfuma,
¿qué otra pasión me espera?
¿Será tranquila y pura?
¡¡Si mis dedos pudieran
deshojar a la luna!!

El canto de la miel

Noviembre de 1918

(Granada)

La miel es la palabra de Cristo.
El oro derretido de su amor.
El más allá del néctar.
La momia de la luz del paraíso.

La colmena es una estrella casta,
pozo de ámbar que alimenta el ritmo
de las abejas. Seno de los campos
tembloroso de aromas y zumbidos.

La miel es la epopeya del amor,
la materialidad de lo infinito.
Alma y sangre doliente de las flores
condensada a través de otro espíritu.

(Así la miel del hombre es la poesía
que mana de su pecho dolorido,

de un panal con la cera del recuerdo
formado por la abeja de lo íntimo.)

La miel es la bucólica lejana
del pastor, la dulzaina y el olivo.
Hermana de la leche y las bellotas,
reinas supremas del dorado siglo.

La miel es como el sol de la mañana,
tiene toda la gracia del Estío
y la frescura vieja del Otoño.
Es la hoja marchita y es el trigo.

¡Oh divino licor de la humildad,
sereno como un verso primitivo!

La armonía hecha carne tú eres,
el resumen genial de lo lírico.
En ti duerme la melancolía,
el secreto del beso y del grito.

Dulcísima. Dulce. Éste es tu adjetivo.
Dulce como los vientres de las hembras.
Dulce como los ojos de los niños.
Dulce como la sombra de la noche.
Dulce como una voz
              o como un lirio.

Para el que lleva la pena y la lira,
eres sol que ilumina el camino.
Equivales a todas las bellezas,
al color, a la luz, a los sonidos.

¡Oh divino licor de la esperanza,
donde a la perfección del equilibrio
llegan alma y materia en unidad
como en la hostia cuerpo y luz de Cristo!

Y el alma superior es de las flores.
¡Oh licor que esas almas has unido!
El que te gusta no sabe que traga
un resumen dorado del lirismo.

Elegía

Diciembre de 1918

(Granada)

Como un incensario lleno de deseos,
pasas en la tarde luminosa y clara
con la carne oscura de nardo marchito
y el sexo potente sobre tu mirada.

Llevas en la boca tu melancolía
de pureza muerta, y en la dionisiaca
copa de tu vientre la araña que teje
el velo infecundo que cubre la entraña
nunca florecida con las vivas rosas,
fruto de los besos.

         En tus manos blancas
llevas la madeja de tus ilusiones,
muertas para siempre, y sobre tu alma
la pasión hambrienta de besos de fuego
y tu amor de madre que sueña lejanas
visiones de cunas en ambientes quietos,
hilando en los labios lo azul de la nana.

Como Ceres dieras tus espigas de oro
si el amor dormido tu cuerpo tocara,
y como la virgen María pudieras
brotar de tus senos otra Vía Láctea.

Te marchitarás como la magnolia.
Nadie besará tus muslos de brasa.
Ni a tu cabellera llegarán los dedos
que la pulsen como
                            las cuerdas de un arpa.

¡Oh mujer potente de ébano y de nardo!,
cuyo aliento tiene blancor de biznagas.
Venus del mantón de Manila que sabe
del vino de Málaga y de la guitarra.

¡Oh cisne moreno!, cuyo lago tiene
lotos de saetas, olas de naranjas
y espumas de rojos claveles que aroman
los nidos marchitos que hay bajo sus alas.

Nadie te fecunda. Mártir andaluza,
tus besos debieron ser bajo una parra
plenos del silencio que tiene la noche
y del ritmo turbio del agua estancada.

Pero tus ojeras se van agrandando
y tu pelo negro va siendo de plata;
tus senos resbalan escanciando aromas
y empieza a curvarse tu espléndida espalda.

¡Oh mujer esbelta, maternal y ardiente!
Virgen dolorosa que tiene clavadas
todas las estrellas del cielo profundo
en su corazón, ya sin esperanza.

Eres el espejo de una Andalucía
que sufre pasiones gigantes y calla,
pasiones mecidas por los abanicos
y por las mantillas sobre las gargantas
que tienen temblores de sangre, de nieve
y arañazos rojos hechos por miradas.

Te vas por la niebla del Otoño, virgen
como Inés, Cecilia y la dulce Clara,
siendo una bacante que hubiera danzado
de pámpanos verdes y vid coronada.

La tristeza inmensa que flota en tus ojos
nos dice tu vida rota y fracasada,
la monotonía de tu ambiente pobre
viendo pasar gente desde tu ventana,
oyendo la lluvia sobre la amargura
que tiene la vieja calle provinciana,
mientras que a lo lejos suenan los clamores
turbios y confusos de unas campanadas.

Mas en vano escuchaste los acentos del aire.
Nunca llegó a tu oído la dulce serenata.
Detrás de tus cristales aún miras anhelante.

¡Qué tristeza tan honda tendrás dentro del alma
al sentir en el pecho ya cansado y exhausto
la pasión de una niña recién enamorada!

   Tu cuerpo irá a la tumba
intacto de emociones.
Sobre la oscura tierra
brotará una alborada.
De tus ojos saldrán dos claveles sangrientos
y de tus senos rosas como la nieve blancas.
Pero tu gran tristeza se irá con las estrellas
como otra estrella digna de herirlas y eclipsarlas.

Santiago
Balada ingenua

25 de julio de 1918

(Fuente Vaqueros,
Granada)

I

Esta noche ha pasado Santiago
su camino de luz en el cielo.
Lo comentan los niños jugando
con el agua de un cauce sereno.

¿Dónde va el peregrino celeste
por el claro infinito sendero?
Va a la aurora que brilla en el fondo
en caballo blanco como el hielo.

¡Niños chicos, cantad en el prado,
horadando con risas al viento!

Dice un hombre que ha visto a Santiago
en tropel con doscientos guerreros.
Iban todos cubiertos de luces,

con guirnaldas de verdes luceros,
y el caballo que monta Santiago
era un astro de brillos intensos.

Dice el hombre que cuenta la historia
que en la noche dormida se oyeron
tremolar plateado de alas
que en sus ondas llevóse el silencio.

¿Qué sería que el río paróse?
Eran ángeles los caballeros.

¡Niños chicos, cantad en el prado,
horadando con risas al viento!

Es la noche de luna menguante.
¡Escuchad! ¿Qué se siente en el cielo,
que los grillos refuerzan sus cuerdas
y dan voces los perros vegueros?

–Madre abuela, ¿cuál es el camino,
madre abuela, que yo no lo veo?

–Mira bien y verás una cinta
de polvillo harinoso y espeso,
un borrón que parece de plata
o de nácar. ¿Lo ves?
                –Ya lo veo.

–Madre abuela, ¿dónde está Santiago?
–Por allí marcha con su cortejo,
la cabeza llena de plumajes
y de perlas muy finas el cuerpo,
con la luna rendida a sus plantas,
con el sol escondido en el pecho.

Esta noche en la vega se escuchan
los relatos brumosos del cuento.

¡Niños chicos, cantad en el prado,
horadando con risas al viento!

II

Una vieja que vive muy pobre
en la parte más alta del pueblo,
que posee una rueca inservible,
una Virgen y dos gatos negros,
mientras hace la ruda calceta
con sus secos y temblones dedos,
rodeada de buenas comadres
y de sucios chiquillos traviesos,
en la paz de la noche tranquila,
con las sierras perdidas en negro,
va contando con ritmos tardíos
la visión que ella tuvo en sus tiempos.

Ella vio en una noche lejana
como ésta, sin ruidos ni vientos,
al apóstol Santiago en persona,
peregrino en la tierra del cielo.

–Y comadre, ¿cómo iba vestido?
–le preguntan dos voces a un tiempo–.

–Con bordón de esmeraldas y perlas
y una túnica de terciopelo.

Cuando hubo pasado la puerta,
mis palomas sus alas tendieron,
y mi perro, que estaba dormido,
fue tras él, sus pisadas lamiendo.
Era dulce el Apóstol divino,
más aún que la luna de Enero.
A su paso dejó por la senda
un olor de azucena y de incienso.

–Y comadre, ¿no le dijo nada?
–le preguntan dos voces a un tiempo–.

–Al pasar me miró sonriente
y una estrella dejóme aquí dentro.

–¿Dónde tienes guardada esa estrella?
–le pregunta un chiquillo travieso–.

–¿Se ha apagado –dijéronle otros–
como cosa de un encantamiento?

–No, hijos míos, la estrella relumbra,
que en el alma clavada la llevo.

–¿Cómo son las estrellas aquí?

–Hijo mío, igual que en el cielo.

–Siga, siga la vieja comadre.
¿Dónde iba el glorioso viajero?

–Se perdió por aquellas montañas
con mis blancas palomas y el perro.
Pero llena dejóme la casa
de rosales y de jazmineros,
y las uvas verdes de la parra
maduraron, y mi troje lleno
encontré a la siguiente mañana.
Todo obra del Apóstol bueno.

–¡Grande suerte que tuvo, comadre!
–sermonean dos voces a un tiempo–.

Los chiquillos están ya dormidos
y los campos en hondo silencio.

¡Niños chicos, pensad en Santiago
por los turbios caminos del sueño!

¡Noche clara, finales de Julio!
¡Ha pasado Santiago en el cielo!
La tristeza que tiene mi alma,
por el blanco camino la dejo,
para ver si la encuentran los niños
y en el agua la vayan hundiendo,
para ver si en la noche estrellada
a muy lejos la llevan los vientos.

El diamante
Noviembre de 1920

(Granada)

El diamante de una estrella
ha rayado el hondo cielo,
pájaro de luz que quiere
escapar del universo
y huye del enorme nido
donde estaba prisionero
sin saber que lleva atada
una cadena en el cuello.

Cazadores extrahumanos
están cazando luceros,
cisnes de plata maciza
en el agua del silencio.

Los chopos niños recitan
su cartilla; es el maestro
un chopo antiguo que mueve
tranquilo sus brazos muertos.

Ahora en el monte lejano
jugarán todos los muertos
a la baraja. ¡Es tan triste
la vida en el cementerio!

¡Rana, empieza tu cantar!
¡Grillo, sal de tu agujero!
Haced un bosque sonoro
con vuestras flautas. Yo vuelvo
hacia mi casa intranquilo.

Se agitan en mi cerebro
dos palomas campesinas
y en el horizonte, ¡lejos!,
se hunde el arcaduz del día.
¡Terrible noria del tiempo!

Madrigal de verano

Agosto de 1920

(Vega de Zujaira)

Junta tu roja boca con la mía,
¡oh Estrella la gitana!
Bajo el oro solar del mediodía
morderé la Manzana.

En el verde olivar de la colina,
hay una torre mora
del color de tu carne campesina
que sabe a miel y aurora.

Me ofreces, en tu cuerpo requemado,
el divino alimento
que da flores al cauce sosegado
y luceros al viento.

¿Cómo a mí te entregaste, luz morena?
¿Por qué me diste llenos
de amor tu sexo de azucena
y el rumor de tus senos?

¿No fue por mi figura entristecida?
(¡Oh mis torpes andares!)
¿Te dio lástima acaso de mi vida,
marchita de cantares?

¿Cómo no has preferido a mis lamentos
los muslos sudorosos
de un San Cristóbal campesino, lentos
en el amor y hermosos?

Danaide del placer eres conmigo.
Femenino silvano.
Huelen tus besos como huele el trigo
reseco del verano.

Entúrbiame los ojos con tu canto.
Deja tu cabellera
extendida y solemne como un manto
de sombra en la pradera.

Píntame con tu boca ensangrentada
un cielo del amor,
en un fondo de carne la morada
estrella de dolor.

Mi pegaso andaluz está cautivo
de tus ojos abiertos;
volará desolado y pensativo
cuando los vea muertos.

Y aunque no me quisieras te querría,
por tu mirar sombrío,
como quiere la alondra al nuevo día,
sólo por el rocío.

Junta tu roja boca con la mía,
¡oh Estrella la gitana!
Déjame bajo el claro mediodía
consumir la Manzana.

Cantos nuevos

Agosto de 1920

(Vega de Zujaira)

Dice la tarde:
             «¡Tengo sed de sombra!»
Dice la luna: «Yo, sed de luceros».
La fuente cristalina pide labios
y suspiros el viento.

Yo tengo sed de aromas y de risas.
Sed de cantares nuevos
sin lunas y sin lirios,
y sin amores muertos.

Un cantar de mañana que estremezca
a los remansos quietos
del porvenir. Y llene de esperanza
sus ondas y sus cienos.

Un cantar luminoso y reposado,
pleno de pensamiento,
virginal de tristezas y de angustias
y virginal de ensueños.

Cantar sin carne lírica que llene
de risas el silencio.
(Una bandada de palomas ciegas
lanzadas al misterio.)

Cantar que vaya al alma de las cosas
y al alma de los vientos
y que descanse al fin en la alegría
del corazón eterno.

Alba
Abril de 1919
(Granada)

Mi corazón oprimido
siente junto a la alborada
el dolor de sus amores
y el sueño de las distancias.
La luz de la aurora lleva
semilleros de nostalgias
y la tristeza sin ojos
de la médula del alma.
La gran tumba de la noche
su negro velo levanta
para ocultar con el día
la inmensa cumbre estrellada.

¿Qué haré yo sobre estos campos
cogiendo nidos y ramas,
rodeado de la aurora
y llena de noche el alma?

¿Qué haré si tienes tus ojos
muertos a las luces claras
y no ha de sentir mi carne
el calor de tus miradas?
¿Por qué te perdí por siempre
en aquella tarde clara?
Hoy mi pecho está reseco
como una estrella apagada.

El presentimiento

Agosto de 1920

(Vega de Zujaira)

El presentimiento
es la sonda del alma
en el misterio.
Nariz del corazón,
palo de ciego
que explora en la tiniebla
del tiempo.

Ayer es lo marchito,
el sentimiento
y el campo funeral
del recuerdo.

Anteayer,
es lo muerto.
Madriguera de ideas moribundas,
de pegasos sin freno.

Malezas de memorias,
y desiertos
perdidos en la niebla
de los sueños.

Nada turba los siglos
pasados.
No podemos
arrancar un suspiro
de lo viejo.
El pasado se pone
su coraza de hierro,
y tapa sus oídos
con algodón del viento.
Nunca podrá arrancársele
un secreto.

Sus músculos de siglos
y su cerebro
de marchitas ideas
en feto
no darán el licor que necesita
el corazón sediento.

Pero el niño futuro
nos dirá algún secreto
cuando juegue en su cama
de luceros.
Y es fácil engañarle.

Por eso,
démosle con dulzura
nuestro seno,
que el topo silencioso
del presentimiento
nos traerá sus sonajas
cuando se esté durmiendo.

Canción para la luna

Agosto de 1920

Blanca tortuga,
luna dormida,
¡qué lentamente
caminas!
Cerrando un párpado
de sombra, miras
cual arqueológica
pupila.
Que quizás sea...
(Satán es tuerto)
una reliquia,
viva lección
para anarquistas.
Jehová acostumbra
sembrar su finca
con ojos muertos
y cabecitas
de sus contrarias
milicias.

Gobierna rígido
la Fez divina
con su turbante
de niebla fría,
poniendo dulces
astros sin vida
al rubio cuervo
del día.
Por eso, luna,
¡luna dormida!,
vas protestando,
seca de brisas,
del gran abuso,
la tiranía
de ese Jehová
que os encamina
por una senda,
¡siempre la misma!,
mientras Él goza
en compañía
de Doña Muerte,
que es su querida...

Blanca tortuga,
luna dormida,
casta Verónica
del sol que limpias
en el ocaso
su faz rojiza.

Ten esperanza,
muerta pupila,
que el gran Lenín
de tu campiña
será la Osa
Mayor, la arisca
fiera del cielo,
que irá tranquila
a dar su abrazo
de despedida,
al viejo enorme
de los seis días.

Y entonces, luna
blanca, vendría
el puro reino
de la ceniza.

(Ya habréis notado
que soy nihilista.)

Elegía del silencio

Julio de 1920

Silencio, ¿dónde llevas
tu cristal empañado
de risas, de palabras
y sollozos del árbol?
¿Cómo limpias, silencio,
el rocío del canto
y las manchas sonoras
que los mares lejanos
dejan sobre la albura
serena de tu manto?
¿Quién cierra tus heridas
cuando sobre los campos
alguna vieja noria
clava su lento dardo
en tu cristal inmenso?
¿Dónde vas si al ocaso
te hieren las campanas
y quiebran tu remanso

las bandadas de coplas
y el gran rumor dorado
que cae sobre los montes
azules sollozando?

El aire del invierno
hace tu azul pedazos,
y troncha tus florestas
el lamentar callado
de alguna fuente fría.
Donde posas tus manos,
la espina de la risa
o el caluroso hachazo
de la pasión encuentras.
Si te vas a los astros,
el zumbido solemne
de los azules pájaros
quiebra el gran equilibrio
de tu escondido cráneo.

Huyendo del sonido
eres sonido mismo,
espectro de armonía,
humo de grito y canto.
Vienes para decirnos
en las noches oscuras
la palabra infinita
sin aliento y sin labios.

Taladrado de estrellas
y maduro de música,
¿dónde llevas, silencio,
tu dolor extrahumano,
dolor de estar cautivo
en la araña melódica,
ciego ya para siempre
tu manantial sagrado?

Hoy arrastran tus ondas,
turbias de pensamiento,
la ceniza sonora
y el dolor del antaño.
Los ecos de los gritos
que por siempre se fueron.
El estruendo remoto
del mar, momificado.

Si Jehová se ha dormido,
sube al trono brillante,
quiébrale en su cabeza
un lucero apagado,
y acaba seriamente
con la música eterna,
la armonía sonora
de luz, y mientras tanto,
vuelve a tu manantial,
donde en la noche eterna,
antes que Dios y el Tiempo,
manabas sosegado.

Balada de un día de julio

Julio de 1919

   Esquilones de plata
llevan los bueyes.

   –¿Dónde vas, niña mía,
de sol y nieve?

   –Voy a las margaritas
del prado verde.

   –El prado está muy lejos
y miedo tiene.

   –Al airón y a la sombra
mi amor no teme.

   –Teme al sol, niña mía,
de sol y nieve.

–Se fue de mis cabellos
ya para siempre.

　　–¿Quién eres, blanca niña?
¿De dónde vienes?

　　–Vengo de los amores
y de las fuentes.

　　Esquilones de plata
llevan los bueyes.

　　–¿Qué llevas en la boca
que se te enciende?

　　–La estrella de mi amante
que vive y muere.

　　–¿Qué llevas en el pecho
tan fino y leve?

　　–La espada de mi amante
que vive y muere.

　　–¿Qué llevas en los ojos,
negro y solemne?

　　–Mi pensamiento triste
que siempre hiere.

—¿Por qué llevas un manto
negro de muerte?

—¡Ay, yo soy la viudita,
triste y sin bienes,
del conde del Laurel
de los Laureles!

—¿A quién buscas aquí
si a nadie quieres?

—Busco el cuerpo del conde
de los Laureles.

—¿Tú buscas el amor,
viudita aleve?
Tú buscas un amor
que ojalá encuentres.

—Estrellitas del cielo
son mis quereres.
¿Dónde hallaré a mi amante
que vive y muere?

—Está muerto en el agua,
niña de nieve,
cubierto de nostalgias
y de claveles.

–¡Ay, caballero errante
de los cipreses!
Una noche de luna
mi alma te ofrece.

  –¡Ah Isis soñadora!,
niña sin mieles,
la que en bocas de niños
su cuento vierte.
Mi corazón te ofrezco,
corazón tenue,
herido por los ojos
de las mujeres.

  –Caballero galante,
con Dios te quedes.
Voy a buscar al conde
de los Laureles...

  –Adiós, mi doncellita,
rosa durmiente,
tú vas para el amor
y yo a la muerte.

  Esquilones de plata
llevan los bueyes.

Mi corazón desangra
como una fuente.

In memoriam

Agosto de 1920

Dulce chopo,
dulce chopo,
te has puesto
de oro.
Ayer estabas verde,
un verde loco
de pájaros
gloriosos.
Hoy estás abatido
bajo el cielo de agosto
como yo bajo el cielo
de mi espíritu rojo.
La fragancia cautiva
de tu tronco
vendrá a mi corazón
piadoso.
¡Rudo abuelo del prado!
Nosotros,
nos hemos puesto
de oro.

Sueño

Mayo de 1919

Mi corazón reposa junto a la fuente fría.

    (Llénala con tus hilos,
    araña del olvido.)

El agua de la fuente su canción le decía.

    (Llénala con tus hilos,
    araña del olvido.)

Mi corazón despierto sus amores decía.

    (Araña del silencio,
    téjele tu misterio.)

El agua de la fuente lo escuchaba sombría.

    (Araña del silencio,
    téjele tu misterio.)

Mi corazón se vuelca sobre la fuente fría.

    (Manos blancas, lejanas,
  detened a las aguas.)

Y el agua se lo lleva cantando de alegría.

    (¡Manos blancas, lejanas,
  nada queda en las aguas!)

Paisaje
Junio de 1920

Las estrellas apagadas
llenan de ceniza el río
verdoso y frío.

La fuente no tiene trenzas.
Ya se han quemado los nidos
escondidos.

Las ranas hacen del cauce
una siringa encantada,
desafinada.

Sale del monte la luna,
con su cara bonachona
de jamona.

Una estrella le hace burla
desde su casa de añil
infantil.

El débil color rosado
hace cursi el horizonte
del monte,

y observo que el laurel tiene
cansancio de ser poético
y profético.

Como la hemos visto siempre,
el agua se va durmiendo,
sonriyendo.

Todo llora por costumbre,
todo el campo se lamenta
sin darse cuenta.

Yo, por no desafinar,
digo por educación:
«¡Mi corazón!»

Pero una grave tristeza
tiñe mis labios manchados
de pecados.

Yo voy lejos del paisaje.
Hay en mi pecho una hondura
de sepultura.

Un murciélago me avisa
que el sol se esconde doliente
en el Poniente.

¡Pater noster por mi amor!
(Llanto de las alamedas
y arboledas.)

En el carbón de la tarde
miro mis ojos lejanos,
cual milanos.

Y despeino mi alma muerta
con arañas de miradas
olvidadas.

Ya es de noche, y las estrellas
clavan puñales al río
verdoso y frío.

Noviembre

Noviembre de 1920

Todos los ojos
estaban abiertos
frente a la soledad
despintada por el llanto.
>Tin
>tan,
>tin
>tan.

Los verdes cipreses
guardaban su alma
arrugada por el viento,
y las palabras como guadañas
segaban almas de flores.
>Tin
>tan,
>tin
>tan.

El cielo estaba marchito.
¡Oh tarde cautiva por las nubes,
esfinge sin ojos!
Obeliscos y chimeneas
hacían pompas de jabón.
>
> Tin
> tan,
> tin
> tan.

Los ritmos se curvaban
y se curvaba el aire.
Guerreros de niebla
hacían de los árboles
catapultas.
>
> Tin
> tan,
> tin
> tan.

¡Oh tarde,
tarde de mi otro beso!
Tema lejano de mi sombra,
¡sin rayo de oro!
Cascabel vacío.
Tarde desmoronada
sobre piras de silencio.
>
> Tin
> tan,
> tin
> tan.

Preguntas

Mayo de 1918

Un pleno de cigarras tiene el campo.
–¿Qué dices, Marco Aurelio,
de estas viejas filósofas del llano?
¡Pobre es tu pensamiento!

Corre el agua del río mansamente.
–¡Oh Sócrates! ¿Qué ves
en el agua que va a la amarga muerte?
¡Pobre y triste es tu fe!

Se deshojan las rosas en el lodo.
–¡Oh dulce Juan de Dios!
¿Qué ves en estos pétalos gloriosos?
¡Chico es tu corazón!

La veleta yacente

Diciembre de 1920

(Madrid)

El duro corazón de la veleta
entre el libro del tiempo.
(Una hoja la tierra
y otra hoja el cielo.)
Aplastóse doliente sobre letras
de tejados viejos.
Lírica flor de torre
y luna de los vientos,
abandona el estambre de la cruz
y dispersa sus pétalos,
para caer sobre las losas frías
comida por la oruga
de los ecos.

Yaces bajo una acacia.
¡Memento!
No podías latir

porque eras de hierro...
Mas poseíste la forma,
¡conténtate con eso!
Y húndete bajo el verde
légamo,
en busca de tu gloria
de fuego,
aunque te llamen tristes
las torres desde lejos
y oigas en las veletas
chirriar tus compañeros.
Húndete bajo el paño
verdoso de tu lecho,
que ni la blanca monja,
ni el perro,
ni la luna menguante,
ni el lucero,
ni el turbio sacristán
del convento,
recordarán tus gritos
del invierno.
Húndete lentamente,
que si no, luego,
te llevarán los hombres
de los trapos viejos.
Y ojalá pudiera darte
por compañero
este corazón mío
¡tan incierto!

Corazón nuevo

Junio de 1918
(Granada)

Mi corazón, como una sierpe,
se ha desprendido de su piel,
y aquí la miro entre mis dedos,
llena de heridas y de miel.

Los pensamientos que anidaron
en tus arrugas ¿dónde están?
¿Dónde las rosas que aromaron
a Jesucristo y a Satán?

¡Pobre envoltura que ha oprimido
a mi fantástico lucero!
Gris pergamino dolorido
de lo que quise y ya no quiero.

Yo veo en ti fetos de ciencias,
momias de versos y esqueletos
de mis antiguas inocencias
y mis románticos secretos.

¿Te colgaré sobre los muros
de mi museo sentimental,
junto a los gélidos y oscuros
lirios durmientes de mi mal?

¿O te pondré sobre los pinos
–libro doliente de mi amor–
para que sepas de los trinos
que da a la aurora el ruiseñor?

Se ha puesto el sol
Agosto de 1920

Se ha puesto el sol.
                    Los árboles
meditan como estatuas.
Ya está el trigo segado.
¡Qué tristeza
de las norias paradas!

Un perro campesino
quiere comerse a Venus, y le ladra.
Brilla sobre su campo de pre-beso,
como una gran manzana.

Los mosquitos –pegasos del rocío–
vuelan, el aire en calma.
La Penélope inmensa de la luz
teje una noche clara.

«Hijas mías, dormid, que viene el lobo»,
las ovejitas balan.
«¿Ha llegado el otoño, compañeras?»,
dice una flor ajada.

¡Ya vendrán los pastores con sus nidos
por la sierra lejana!
Ya jugarán las niñas en la puerta
de la vieja posada,
y habrá coplas de amor
que ya se saben
de memoria las casas.

Pajarita de papel
Julio de 1920

¡Oh pajarita de papel!
Águila de los niños.
Con las plumas de letras,
sin palomo
y sin nido.

Las manos aún mojadas de misterio
te crean en un frío
anochecer de otoño, cuando mueren
los pájaros y el ruido
de la lluvia nos hace amar la lámpara,
el corazón y el libro.

Naces para vivir unos minutos
en el frágil castillo
de naipes, que se eleva tembloroso
como el tallo de un lirio,

y meditas allí, ciega y sin alas,
que pudiste haber sido
el atleta grotesco que sonríe
ahorcado por un hilo,
el barco silencioso sin remeros ni velamen,
el lírico
buque fantasma del miedoso insecto,
o el triste borriquito
que escarnecen, haciéndolo pegaso,
los soplos de los niños.

   Pero en medio de tu meditación
van gotas de humorismo.
Hecha con la corteza de la ciencia
te ríes del destino,
y gritas: «Blancaflor no muere nunca,
ni se muere Luisito.
La mañana es eterna, es eterna
la fuente del rocío.»

   Y aunque no crees en nada dices esto,
no se enteren los niños
de que hay sombra detrás de las estrellas
y sombra en tu castillo.

   En medio de la mesa, al derrumbarse
tu azul mansión, has visto
que el milano te mira ansiosamente:
es un recién nacido.
Una pompa de espuma sobre el agua
del sufrimiento vivo.

Y tú vas a sus labios luminosos
mientras ríen los niños,
y callan los papás, no sea despierten
los dolores vecinos.

Así, pájaro clown, desapareces
para nacer en otro sitio.
Así, pájaro esfinge, das tu alma
de ave fénix al limbo.

Madrigal

Octubre de 1920
(Madrid)

Mi beso era una granada,
profunda y abierta;
tu boca era rosa
de papel.

El fondo un campo de nieve.

Mis manos eran hierros
para los yunques;
tu cuerpo era el ocaso
de una campanada.

El fondo un campo de nieve.

En la agujereada
calavera azul
hicieron estalactitas
mis te quiero.

El fondo un campo de nieve.

Llenáronse de moho
mis sueños infantiles,
y taladró a la luna
mi dolor salomónico.

El fondo un campo de nieve.

Ahora amaestro grave
a la alta escuela,
a mi amor y a mis sueños
(caballitos sin ojos).

Y el fondo es un campo de nieve.

Una campana

Octubre de 1920

Una campana serena,
crucificada en su ritmo,
define a la mañana
con peluca de niebla
y arroyos de lágrimas.
Mi viejo chopo,
turbio de ruiseñores,
esperaba
poner entre las hierbas
sus ramas
mucho antes que el otoño
lo dorara.
Pero los puntales
de mis miradas
lo sostenían.
¡Viejo chopo, aguarda!
¿No sientes la madera
de mi amor desgarrada?

Tiéndete en la pradera
cuando cruja mi alma,
que un vendaval de besos
y palabras
ha dejado rendida,
lacerada.

Consulta

Agosto de 1920

¡Pasionaria azul!,
yunque de mariposas.
¿Vives bien en el limo
de las horas?

(¡Oh poeta infantil,
quiebra tu reloj!)

Clara estrella azul,
ombligo de la aurora.
¿Vives bien en la espuma
de la sombra?

(¡Oh poeta infantil,
quiebra tu reloj!)

Corazón azulado,
lámpara de mi alcoba.

¿Lates bien sin mi sangre
filarmónica?

(¡Oh poeta infantil,
quiebra tu reloj!)

Os comprendo y me dejo
arrumbado en la cómoda
al insecto del tiempo.
Sus metálicas gotas
no se oirán en la calma
de mi alcoba.
Me dormiré tranquilo
como dormís vosotras,
pasionarias y estrellas,
que al fin la mariposa
volará en la corriente
de las horas
mientras nace en mi tronco
la rosa.

Tarde

Noviembre de 1919

Tarde lluviosa en gris cansado,
y sigue el caminar.
Los árboles marchitos.
                      Mi cuarto, solitario.
Y los retratos viejos
y el libro sin cortar...

Chorrea la tristeza por los muebles
y por mi alma.
             Quizá,
no tenga para mí Naturaleza
el pecho de cristal.

Y me duele la carne del corazón
y la carne del alma.
             Y al hablar,
se quedan mis palabras en el aire
como corchos sobre agua.

Sólo por tus ojos
sufro yo este mal,
tristezas de antaño
y las que vendrán.

Tarde lluviosa en gris cansado,
y sigue el caminar.

Hay almas que tienen...

8 de febrero de 1920

Hay almas que tienen
azules luceros,
mañanas marchitas
entre hojas del tiempo,
y castos rincones
que guardan un viejo
rumor de nostalgias
y sueños.

Otras almas tienen
dolientes espectros
de pasiones. Frutas
con gusanos. Ecos
de una voz quemada
que viene de lejos
como una corriente
de sombra. Recuerdos
vacíos de llanto,
y migajas de besos.

Mi alma está madura
hace mucho tiempo,
y se desmorona
turbia de misterio.
Piedras juveniles,
roídas de ensueño,
caen sobre las aguas
de mis pensamientos.
Cada piedra dice:
«¡Dios está muy lejos!»

Prólogo

24 de julio de 1920

(Vega de Zujaira)

Mi corazón está aquí,
Dios mío.
Hunde tu cetro en él, Señor.
Es un membrillo
demasiado otoñal
y está podrido.
Arranca los esqueletos
de los gavilanes líricos
que tanto, tanto lo hirieron,
y si acaso tienes pico
móndale su corteza
de Hastío.

Mas si no quieres hacerlo,
me da lo mismo,
guárdate tu cielo azul,
que es tan aburrido,
el rigodón de los astros

y tu Infinito,
que yo pediré prestado
el corazón a un amigo.
Un corazón con arroyos
y pinos,
y un ruiseñor de hierro
que resista
el martillo
de los siglos.

Además, Satanás me quiere mucho,
fue compañero mío
en un examen de
lujuria, y el pícaro
buscará a Margarita
—me lo tiene ofrecido—,
Margarita morena,
sobre un fondo de viejos olivos,
con dos trenzas de noche
de Estío,
para que yo desgarre
sus muslos limpios.
Y entonces, ¡oh Señor!,
seré tan rico
o más que tú,
porque el vacío
no puede compararse
al vino
con que Satán obsequia
a sus buenos amigos.

Licor hecho con llanto.
¡Qué más da!
Es lo mismo
que tu licor compuesto
de trinos.

    Dime, Señor,
¡Dios mío!
¿Nos hundes en la sombra
del abismo?
¿Somos pájaros ciegos
sin nidos?

    La luz se va apagando.
¿Y el aceite divino?
Las olas agonizan.
¿Has querido
jugar como si fuéramos
soldaditos?
Dime, Señor,
¡Dios mío!
¿No llega el dolor nuestro
a tus oídos?
¿No han hecho las blasfemias
babeles sin ladrillos
para herirte, o te gustan
los gritos?
¿Estás sordo? ¿Estás ciego?
¿O eres bizco
de espíritu

y ves el alma humana
con tonos invertidos?

¡Oh Señor soñoliento!
¡Mira mi corazón
frío
como un membrillo
demasiado otoñal
que está podrido!

Si tu luz va a llegar,
abre los ojos vivos,
pero si continúas
dormido,
ven, Satanás errante,
sangriento peregrino,
ponme la Margarita
morena en los olivos,
con las trenzas de noche
de Estío,
que yo sabré encenderle
sus ojos pensativos
con mis besos manchados
de lirios.
Y oiré una tarde ciega
mi «¡Enrique! ¡Enrique!»
lírico,
mientras todos mis sueños
se llenan de rocío.

Aquí, Señor, te dejo
mi corazón antiguo,
voy a pedir prestado
otro nuevo a un amigo.
Corazón con arroyos
y pinos.
Corazón sin culebras
ni lirios.
Robusto, con la gracia
de un joven campesino,
que atraviesa de un salto
el río.

Balada interior

16 de julio de 1920

(Vega de Zujaira)

A Gabriel

El corazón
que tenía en la escuela,
donde estuvo pintada
la cartilla primera,
¿está en ti,
noche negra?

(Frío, frío,
como el agua
del río.)

El primer beso
que supo a beso y fue
para mis labios niños
como la lluvia fresca,
¿está en ti,
noche negra?

(Frío, frío,
como el agua
del río.)

Mi primer verso,
la niña de las trenzas
que miraba de frente,
¿está en ti,
noche negra?

(Frío, frío,
como el agua
del río.)

Pero mi corazón
roído de culebras,
el que estuvo colgado
del árbol de la ciencia,
¿está en ti,
noche negra?

(Caliente, caliente,
como el agua
de la fuente.)

Mi amor errante,
castillo sin firmeza,
de sombras enmohecidas,
¿está en ti,
noche negra?

(Caliente, caliente,
como el agua
de la fuente.)

¡Oh gran dolor!
Admites en tu cueva
nada más que la sombra.
¿Es cierto,
noche negra?

(Caliente, caliente,
como el agua
de la fuente.)

¡Oh corazón perdido!
¡Requiem aeternam!

El lagarto viejo

26 de julio de 1920

(Vega de Zujaira)

En la agostada senda
he visto al buen lagarto
(gota de cocodrilo)
meditando.
Con su verde levita
de abate del diablo,
su talante correcto
y su cuello planchado,
tiene un aire muy triste
de viejo catedrático.
¡Esos ojos marchitos
de artista fracasado
cómo miran la tarde
desmayada!

¿Es éste su paseo
crepuscular, amigo?
Usad bastón, ya estáis

muy viejo, Don Lagarto,
y los niños del pueblo
pueden daros un susto.
¿Qué buscáis en la senda,
filósofo cegato,
si el fantasma indeciso
de la tarde agosteña
ha roto el horizonte?

¿Buscáis la azul limosna
del cielo moribundo?
¿Un céntimo de estrella?
¿O acaso
estudiasteis un libro
de Lamartine, y os gustan
los trinos platerescos
de los pájaros?

(Miras al sol poniente,
y tus ojos relucen,
¡oh dragón de las ranas!,
con un fulgor humano.
Las góndolas sin remos
de las ideas, cruzan
el agua tenebrosa
de tus iris quemados.)

¿Venís quizá en la busca
de la bella lagarta,
verde como los trigos
de Mayo,

como las cabelleras
de las fuentes dormidas,
que os despreciaba, y luego
se fue de vuestro campo?
¡Oh dulce idilio roto
sobre la fresca juncia!
¡Pero vivir!, ¡qué diantre!
Me habéis sido simpático.
El lema de «me opongo
a la serpiente» triunfa
en esa gran papada
de arzobispo cristiano.

   Ya se ha disuelto el sol
en la copa del monte,
y enturbian el camino
los rebaños.
Es hora de marcharse,
dejad la angosta senda
y no continuéis
meditando,
que lugar tendréis luego
de mirar las estrellas
cuando os coman sin prisa
los gusanos.

   ¡Volved a vuestra casa
bajo el pueblo de grillos!
¡Buenas noches, amigo
Don Lagarto!

Ya está el campo sin gente,
los montes apagados
y el camino desierto.
Sólo de cuando en cuando
canta un cuco en la umbría
de los álamos.

Patio húmedo

1920

Las arañas
iban por los laureles.

La casualidad
se va tornando en nieve,
y los años dormidos
ya se atreven
a clavar los telares
del siempre.

La Quietud hecha esfinge
se ríe de la Muerte
que canta melancólica
en un grupo
de lejanos cipreses.

La yedra de las gotas
tapiza las paredes
empapadas de arcaicos
misereres.

¡Oh torre vieja!
			Llora
tus lágrimas mudéjares
sobre este grave patio
que no tiene fuente.

Las arañas
iban por los laureles.

Balada de la placeta
1919

Cantan los niños
en la noche quieta:
¡Arroyo claro,
fuente serena!

Los niños

¿Qué tiene tu divino
corazón en fiesta?

Yo

Un doblar de campanas
perdidas en la niebla.

Los niños

Ya nos dejas cantando
en la plazuela.
¡Arroyo claro,
fuente serena!

¿Qué tienes en tus manos
de primavera?

Yo

Una rosa de sangre
y una azucena.

Los niños

Mójalas en el agua
de la canción añeja.
¡Arroyo claro,
fuente serena!

¿Qué sientes en tu boca
roja y sedienta?

Yo

El sabor de los huesos
de mi gran calavera.

Los niños

Bebe el agua tranquila
de la canción añeja.
¡Arroyo claro,
fuente serena!

¿Por qué te vas tan lejos
de la plazuela?

Yo

¡Voy en busca de magos
y de princesas!

Los niños

¿Quién te enseñó el camino
de los poetas?

Yo

La fuente y el arroyo
de la canción añeja.

Los niños

¿Te vas lejos, muy lejos
del mar y de la tierra?

Yo

Se ha llenado de luces
mi corazón de seda,
de campanas perdidas
de lirios y de abejas.
Y yo me iré muy lejos,
más allá de esas sierras,
más allá de los mares,
cerca de las estrellas,
para pedirle a Cristo
Señor que me devuelva
mi alma antigua de niño,
madura de leyendas,
con el gorro de plumas
y el sable de madera.

Los niños

Ya nos dejas cantando
en la plazuela:
¡Arroyo claro,
fuente serena!

Las pupilas enormes
de las frondas resecas,
heridas por el viento,
lloran las hojas muertas.

Encrucijada

Julio de 1920

¡Oh, qué dolor el tener
versos en la lejanía
de la pasión, y el cerebro
todo manchado de tinta!

¡Oh, qué dolor no tener
la fantástica camisa
del hombre feliz: la piel
–alfombra del sol– curtida!

(Alrededor de mis ojos
bandadas de letras giran.)

¡Oh, qué dolor el dolor
antiguo de la poesía,
este dolor pegajoso
tan lejos del agua limpia!

¡Oh dolor de lamentarse
por sorber la vena lírica!
¡Oh dolor de fuente ciega
y molino sin harina!

¡Oh qué dolor no tener
dolor y pasar la vida
sobre la hierba incolora
de la vereda indecisa!

¡Oh el más profundo dolor,
el dolor de la alegría,
reja que nos abre surcos
donde el llanto fructifica!

(Por un monte de papel
asoma la luna fría.)
¡Oh dolor de la verdad!
¡Oh dolor de la mentira!

Hora de estrellas

1920

El silencio redondo de la noche
sobre el pentágrama
del infinito.

Yo me salgo desnudo a la calle,
maduro de versos
perdidos.
Lo negro, acribillado
por el canto del grillo,
tiene ese fuego fatuo,
muerto,
del sonido.
Esa luz musical
que percibe
el espíritu.

Los esqueletos de mil mariposas
duermen en mi recinto.

Hay una juventud de brisas locas
sobre el río.

El camino

No conseguirá nunca
tu lanza
herir al horizonte.
La montaña
es un escudo
que lo guarda.

No sueñes con la sangre de la luna
y descansa.
Pero deja, camino,
que mis plantas
exploren la caricia
de la rociada.

¡Quiromántico enorme!
¿Conocerás las almas
por el débil tatuaje
que olvidan en tu espalda?

Si eres un Flammarión
de las pisadas,
¡cómo debes amar
a los asnos que pasan
acariciando con ternura humilde
tu carne desgarrada!
Ellos solos meditan dónde puede
llegar tu enorme lanza.
Ellos solos, que son
los Bhudas de la Fauna,
cuando viejos y heridos deletrean
tu libro sin palabras.

¡Cuánta melancolía
tienes entre las casas
del poblado!
¡Qué clara
es tu virtud! Aguantas
cuatro carros dormidos,
dos acacias,
y un pozo del antaño
que no tiene agua.

Dando vueltas al mundo,
no encontrarás posada.
No tendrás camposanto
ni mortaja,
ni el aire del amor renovará
tu sustancia.

Pero sal de los campos
y en la negra distancia
de lo eterno, si tallas
la sombra con tu lima
blanca, ¡oh, camino!,
¡pasarás por el puente
de Santa Clara!

El concierto interrumpido
1920

A Adolfo Salazar

Ha roto la armonía
de la noche profunda
el calderón helado y soñoliento
de la media luna.

Las acequias protestan sordamente,
arropadas con juncias,
y las ranas, muecines de la sombra,
se han quedado mudas.

En la vieja taberna del poblado
cesó la triste música,
y ha puesto la sordina a su aristón
la estrella más antigua.

El viento se ha sentado en los torcales
de la montaña oscura,

y un chopo solitario –el Pitágoras
de la casta llanura–
quiere dar, con su mano centenaria,
un cachete a la luna.

Canción oriental

1920

Es la granada olorosa
un cielo cristalizado.
(Cada grano es una estrella,
cada velo es un ocaso.)
Cielo seco y comprimido
por la garra de los años.

La granada es como un seno
viejo y apergaminado,
cuyo pezón se hizo estrella
para iluminar el campo.

Es colmena diminuta
con panal ensangrentado,
pues con bocas de mujeres
sus abejas la formaron.
Por eso al estallar, ríe
con púrpuras de mil labios...

La granada es corazón
que late sobre el sembrado,
un corazón desdeñoso
donde no pican los pájaros,
un corazón que por fuera
es duro como el humano,
pero da al que lo traspasa
olor y sangre de mayo.
La granada es el tesoro
del viejo gnomo del prado,
el que habló con niña Rosa,
en el bosque solitario,
aquél de la blanca barba
y del traje colorado.
Es el tesoro que aún guardan
las verdes hojas del árbol.
Arca de piedras preciosas
en entraña de oro vago.

La espiga es el pan. Es Cristo
en vida y muerte cuajado.

El olivo es la firmeza
de la fuerza y el trabajo.

La manzana es lo carnal,
fruta esfinge del pecado,
gota de siglos que guarda
de Satanás el contacto.

La naranja es la tristeza
del azahar profanado,
pues se torna fuego y oro
lo que antes fue puro y blanco.

Las vides son la lujuria
que se cuaja en el verano,
de las que la Iglesia saca,
con bendición, licor santo.

Las castañas son la paz
del hogar. Cosas de antaño.
Crepitar de leños viejos,
peregrinos descarriados.

La bellota es la serena
poesía de lo rancio,
y el membrillo de oro débil
la limpieza de lo sano.

Mas la granada es la sangre,
sangre del cielo sagrado,
sangre de la tierra herida
por la aguja del regato.
Sangre del viento que viene
del rudo monte arañado.
Sangre de la mar tranquila,
sangre del dormido lago.

La granada es la prehistoria
de la sangre que llevamos,
la idea de sangre, encerrada
en glóbulo duro y agrio
que tiene una vaga forma
de corazón y de cráneo.

¡Oh granada abierta!, que eres
una llama sobre el árbol,
hermana en carne de Venus,
risa del huerto oreado.
Te cercan las mariposas,
creyéndote sol parado,
y por miedo de quemarse
huyen de ti los gusanos.

Porque eres luz de la vida,
hembra de las frutas. Claro
lucero de la floresta,
del arroyo enamorado.

¡Quién fuera como tú, fruta,
todo pasión sobre el campo!

Chopo muerto
1920

¡Chopo viejo!
Has caído
en el espejo
del remanso dormido,
abatiendo tu frente
ante el poniente.
No fue el vendaval ronco
el que rompió tu tronco,
ni fue el hachazo grave
del leñador, que sabe
has de volver
a nacer.

Fue tu espíritu fuerte
el que llamó a la muerte,
al hallarte sin nidos, olvidado
de los chopos infantes del prado.

Fue que estabas sediento
de pensamiento,
y tu enorme cabeza, centenaria,
solitaria
escuchaba los lejanos
cantos de tus hermanos.

   En tu cuerpo guardabas
las lavas
de tu pasión,
y en tu corazón,
el semen sin futuro de Pegaso.
La terrible simiente
de un amor inocente
por el sol del ocaso.

   ¡Qué amargura tan honda
para el paisaje:
el héroe de la fronda
sin ramaje!

   Ya no serás la cuna
de la luna,
ni la mágica risa
de la brisa,
ni el bastón de un lucero
caballero.
No tornará la primavera
de tu vida,

ni verás la sementera
florecida.
Serás nidal de ranas
y de hormigas.
Tendrás por verdes canas
las ortigas,
y un día la corriente
sonriente
llevará tu corteza
con tristeza.

   ¡Chopo viejo!
Has caído
en el espejo
del remanso dormido.
Yo te vi descender
en el atardecer,
y escribo tu elegía,
que es la mía.

Campo

1920

El cielo es de ceniza.
Los árboles son blancos,
y son negros carbones
los rastrojos quemados.
Tiene sangre reseca
la herida del Ocaso,
y el papel incoloro
del monte está arrugado.
El polvo del camino
se esconde en los barrancos.
Están las fuentes turbias
y quietos los remansos.
Suena en un gris rojizo
la esquila del rebaño,
y la noria materna
acabó su rosario.

El cielo es de ceniza.
Los árboles son blancos.

La balada del agua del mar

1920

A Emilio Prados
(cazador de nubes)

El mar
sonríe a lo lejos.
Dientes de espuma,
labios de cielo.

–¿Qué vendes, oh joven turbia,
con los senos al aire?

–Vendo, señor, el agua
de los mares.

–¿Qué llevas, oh negro joven,
mezclado con tu sangre?

–Llevo, señor, el agua
de los mares.

–¿Esas lágrimas salobres
de dónde vienen, madre?

–Lloro, señor, el agua
de los mares.

–Corazón, ¿y esta amargura
seria, de dónde nace?

–¡Amarga mucho el agua
de los mares!

El mar
sonríe a lo lejos.
Dientes de espuma,
labios de cielo.

Árboles

1919

¡Árboles!
¿Habéis sido flechas
caídas del azul?
¿Qué terribles guerreros os lanzaron?
¿Han sido las estrellas?

Vuestras músicas vienen del alma de los pájaros,
de los ojos de Dios,
de la pasión perfecta.
¡Árboles!
¿Conocerán vuestras raíces toscas
mi corazón en tierra?

La luna y la Muerte

1919

La luna tiene dientes de marfil.
¡Qué vieja y triste asoma!
Están los cauces secos,
los campos sin verdores
y los árboles mustios
sin nidos y sin hojas.
Doña Muerte, arrugada,
pasea por sauzales
con su absurdo cortejo
de ilusiones remotas.
Va vendiendo colores
de cera y de tormenta
como un hada de cuento
mala y enredadora.

La luna le ha comprado
pinturas a la Muerte.
En esta noche turbia
¡está la luna loca!

Yo mientras tanto pongo
en mi pecho sombrío
una feria sin músicas
con las tiendas de sombra.

Madrigal

1919

Yo te miré a los ojos
cuando era niño y bueno.
Tus manos me rozaron
y me distes un beso.

(Los relojes llevan la misma cadencia,
y las noches tienen las mismas estrellas.)

Y se abrió mi corazón
como una flor bajo el cielo,
los pétalos de lujuria
y los estambres de sueño.

(Los relojes llevan la misma cadencia,
y las noches tienen las mismas estrellas.)

En mi cuarto sollozaba
como el príncipe del cuento
por Estrellita de Oro
que se fue de los torneos.

(Los relojes llevan la misma cadencia,
y las noches tienen las mismas estrellas.)

Yo me alejé de tu lado
queriéndote sin saberlo.
No sé cómo son tus ojos,
tus manos ni tus cabellos.
Sólo me queda en la frente
la mariposa del beso.

(Los relojes llevan la misma cadencia,
y las noches tienen las mismas estrellas.)

Deseo
1920

Sólo tu corazón caliente,
y nada más.

Mi paraíso un campo
sin ruiseñor
ni liras,
con un río discreto
y una fuentecilla.

Sin la espuela del viento
sobre la fronda,
ni la estrella que quiere
ser hoja.

Una enorme luz
que fuera
luciérnaga
de otra,

en un campo de
miradas rotas.

Un reposo claro
y allí nuestros besos,
lunares sonoros
del eco,
se abrirían muy lejos.

Y tu corazón caliente,
nada más.

Los álamos de plata

Mayo de 1919

Los álamos de plata
se inclinan sobre el agua.
Ellos todo lo saben pero nunca hablarán.
El lirio de la fuente
no grita su tristeza.
¡Todo es más digno que la humanidad!

La ciencia del silencio frente al cielo estrellado,
la posee la flor y el insecto no más.
La ciencia de los cantos por los cantos la tienen
los bosques rumorosos
y las aguas del mar.

El silencio profundo de la vida en la tierra,
nos lo enseña la rosa
abierta en el rosal.

¡Hay que dar el perfume
que encierran nuestras almas!

Hay que ser todo cantos,
todo luz y bondad.
¡Hay que abrirse del todo
frente a la noche negra,
para que nos llenemos de rocío inmortal!

¡Hay que acostar al cuerpo
dentro del alma inquieta!
Hay que cegar los ojos con luz de más allá.
Tenemos que asomarnos
a la sombra del pecho,
y arrancar las estrellas que nos puso Satán.

Hay que ser como el árbol
que siempre está rezando,
como el agua del cauce
fija en la eternidad.

¡Hay que arañarse el alma con garras de tristeza
para que entren las llamas
del horizonte astral!

Brotaría en la sombra del amor carcomido
una fuente de aurora
tranquila y maternal.
Desaparecerían ciudades en el viento
y a Dios en una nube
veríamos pasar.

Espigas

Junio de 1919

El trigal se ha entregado a la muerte.
Ya las hoces cortan las espigas.
Cabecean los chopos hablando
con el alma sutil de la brisa.

El trigal sólo quiere silencio.
Se cuajó con el sol, y suspira
por el amplio elemento en que moran
los ensueños despiertos.
                        El día,
ya maduro de luz y sonido,
por los montes azules declina.

¿Qué misterioso pensamiento
conmueve a las espigas?
¿Qué ritmo de tristeza soñadora
los trigales agita?...

¡Parecen las espigas viejos pájaros
que no pueden volar!
                        Son cabecitas,
que tienen el cerebro de oro puro
y expresiones tranquilas.

Todas piensan lo mismo,
                        todas llevan
un secreto profundo que meditan.
Arrancan a la tierra su oro vivo
y, cual dulces abejas del sol, liban
el rayo abrasador con que se visten
para formar el alma de la harina.

¡Oh, qué alegre tristeza me causáis,
dulcísimas espigas!
Venís de las edades más profundas,
cantasteis en la Biblia,
y tocáis cuando os rozan los silencios
un concierto de liras.

Brotáis para alimento de los hombres,
¡pero mirad las blancas margaritas
y los lirios que nacen *porque sí!*
¡Momias de oro sobre las campiñas!
La flor silvestre nace para el Sueño
y vosotras nacéis para la vida.

Meditación bajo la lluvia
Fragmento
3 de enero de 1919

A José Mora

Ha besado la lluvia al jardín provinciano
dejando emocionantes cadencias en las hojas.
El aroma sereno de la tierra mojada
inunda al corazón de tristeza remota.

Se rasgan nubes grises en el mudo horizonte.
Sobre el agua dormida de la fuente, las gotas
se clavan, levantando claras perlas de espuma.
Fuegos fatuos que apaga el temblor de las ondas.

La pena de la tarde estremece a mi pena.
Se ha llenado el jardín de ternura monótona.
¿Todo mi sufrimiento se ha de perder, Dios mío,
como se pierde el dulce sonido de las frondas?

¿Todo el eco de estrellas que guardo sobre el alma
será luz que me ayude a luchar con mi forma?
¿Y el alma verdadera se despierta en la muerte?
¿Y esto que ahora pensamos se lo traga la sombra?

¡Oh, qué tranquilidad del jardín con la lluvia!
Todo el paisaje casto mi corazón transforma,
en un ruido de ideas humildes y apenadas
que pone en mis entrañas un batir de palomas.

    Sale el sol.
                    El jardín desangra en amarillo.
Late sobre el ambiente una pena que ahoga.
Yo siento la nostalgia de mi infancia intranquila,
mi ilusión de ser grande en el amor, las horas
pasadas como ésta contemplando la lluvia
con tristeza nativa.
                      Caperucita roja
iba por el sendero...
Se fueron mis historias, hoy medito, confuso,
ante la fuente turbia que del amor me brota.

    ¿Todo mi sufrimiento se ha de perder, Dios mío,
como se pierde el dulce sonido de las frondas?

    Vuelve a llover.
El viento va trayendo a las sombras.

Manantial
Fragmento
1919

La sombra se ha dormido en la pradera.
Los manantiales cantan.

Frente al ancho crepúsculo de invierno
mi corazón soñaba.
¿Quién pudiera entender los manantiales,
el secreto del agua
recién nacida, ese cantar oculto
a todas las miradas
del espíritu, dulce melodía
más allá de las almas?...

Luchando bajo el peso de la sombra
un manantial cantaba.
Yo me acerqué para escuchar su canto
pero mi corazón no entiende nada.

Era un brotar de estrellas invisibles
sobre la hierba casta,
nacimiento del Verbo de la tierra
por un sexo sin mancha.

Mi chopo centenario de la vega
sus hojas meneaba
y eran las hojas trémulas de ocaso
como estrellas de plata.
El resumen de un cielo de verano
era el gran chopo.
                  Mansas
y turbias de penumbra yo sentía
las canciones del agua.

¿Qué alfabeto de auroras ha compuesto
sus ocultas palabras?
¿Qué labios las pronuncian? ¿Y qué dicen
a la estrella lejana?
¡Mi corazón es malo, Señor! Siento en mi carne
la inaplacable brasa
del pecado. Mis mares interiores
se quedaron sin playas.
Tu faro se apagó. ¡Ya los alumbra
mi corazón de llamas!
Pero el negro secreto de la noche
y el secreto del agua
¿son misterios tan sólo para el ojo

de la conciencia humana?
¿La niebla del misterio no estremece
al árbol, el insecto y la montaña?
¿El terror de la sombra no lo sienten
las piedras y las plantas?
¿Es sonido tan sólo esta voz mía?
¿Y el casto manantial no dice nada?

Mas yo siento en el agua
algo que me estremece... como un aire
que agita los ramajes de mi alma.

«¡Sé árbol!»
               (dijo una voz en la distancia).
Y hubo un torrente de luceros
sobre el cielo sin mancha.

Yo me incrusté en el chopo centenario
con tristeza y con ansia,
cual Dafne varonil que huye miedosa
de un Apolo de sombra y de nostalgia.
Mi espíritu fundióse con las hojas
y fue mi sangre savia.
En untosa resina convirtióse
la fuente de mis lágrimas.
El corazón se fue con las raíces,
y mi pasión humana,

haciendo heridas en la ruda carne,
fugaz me abandonaba.

Frente al ancho crepúsculo de invierno
yo torcía las ramas
gozando de los ritmos ignorados
entre la brisa helada.
Sentí sobre mis brazos dulces nidos,
acariciar de alas,
y sentí mil abejas campesinas
que en mis dedos zumbaban.
¡Tenía una colmena de oro vivo
en las viejas entrañas!
El paisaje y la tierra se perdieron,
sólo el cielo quedaba,
y escuché el débil ruido de los astros
y el respirar de las montañas.

¿No podrán comprender mis dulces hojas
el secreto del agua?
¿Llegarán mis raíces a los reinos
donde nace y se cuaja?
Incliné mis ramajes hacia el cielo
que las ondas copiaban,
mojé las hojas en el cristalino
diamante azul que canta,
y sentí borbotar los manantiales
como de humano yo los escuchara.
Era el mismo fluir lleno de música
y de ciencia ignorada.

    Al levantar mis brazos gigantescos
frente al azul, estaba
lleno de niebla espesa, de rocío
y de luz marchitada.

    Tuve la gran tristeza vegetal,
el amor a las alas,
para poder lanzarse con los vientos
a las estrellas blancas.
Pero mi corazón en las raíces
triste me murmuraba:
«Si no comprendes a los manantiales,
¡muere y troncha tus ramas!»

    ¡Señor, arráncame del suelo! ¡Dame oídos
que entiendan a las aguas!
Dame una voz que por amor arranque
su secreto a las ondas encantadas;
para encender tu faro sólo pido
aceite de palabras.

    «¡Sé ruiseñor!», dice una voz perdida
en la muerta distancia.
Y un torrente de cálidos luceros
brotó del seno que la noche guarda.

. . . .
. . . .

Mar

Abril de 1919

El mar es
el Lucifer del azul.
El cielo caído
por querer ser la luz.

¡Pobre mar condenado
a eterno movimiento,
habiendo antes estado
quieto en el firmamento!

Pero de tu amargura
te redimió el amor.
Pariste a Venus pura,
y quedóse tu hondura
virgen y sin dolor.

Tus tristezas son bellas,
mar de espasmos gloriosos.

Mas hoy en vez de estrellas
tienes pulpos verdosos.

Aguanta tu sufrir,
formidable Satán.
Cristo anduvo por ti,
mas también lo hizo Pan.

La estrella Venus es
la armonía del mundo.
¡Calle el Eclesiastés!
Venus es lo profundo
del alma...

... Y el hombre miserable
es un ángel caído.
La tierra es el probable
paraíso perdido.

Sueño

Mayo de 1919

Iba yo montado sobre
un macho cabrío.
El abuelo me habló
y me dijo:
«Ése es tu camino.»
«¡Es ése!», gritó mi sombra,
disfrazada de mendigo.
«¡Es aquel de oro!», dijeron
mis vestidos.
Un gran cisne me guiñó,
diciendo: «¡Vente conmigo!»
Y una serpiente mordía
mi sayal de peregrino.

Mirando al cielo, pensaba:
«Yo no tengo camino.
Las rosas del fin serán
como las del principio.

En niebla se convierte
la carne y el rocío.»

    Mi caballo fantástico me lleva
por un campo rojizo.
«¡Déjame!», clamó, llorando,
mi corazón pensativo.
Yo lo abandoné en la tierra,
lleno de tristeza.
               Vino
la noche, llena de arrugas
y de sombras.

            Alumbran el camino,
los ojos luminosos y azulados
de mi macho cabrío.

Otro sueño

1919

¡Una golondrina vuela
hacia muy lejos!...

Hay floraciones de rocío
sobre mi sueño,
y mi corazón da vueltas,
lleno de tedio,
como un tiovivo en que la Muerte
pasea a sus hijuelos.
¡Quisiera en estos árboles
atar al tiempo
con un cable de noche negra,
y pintar luego
con mi sangre las riberas
pálidas de mis recuerdos!

¿Cuántos hijos tiene la Muerte?
¡Todos están en mi pecho!

¡Una golondrina viene
de muy lejos!

Encina

1919

Bajo tu casta sombra, encina vieja,
quiero sondar la fuente de mi vida
y sacar de los fangos de mi sombra
las esmeraldas líricas.

Echo mis redes sobre el agua turbia
y las saco vacías.
¡Más abajo del cieno tenebroso
están mis pedrerías!

¡Hunde en mi pecho tus ramajes santos,
oh solitaria encina,
y deja en mi sub-alma
tus secretos y tu pasión tranquila!

Esta tristeza juvenil se pasa,
¡ya lo sé! La alegría
otra vez dejará sus guirnaldas

sobre mi frente herida,
aunque nunca mis redes pescarán
la oculta pedrería
de tristeza inconsciente que reluce
al fondo de mi vida.

   Pero mi gran dolor trascendental
es tu dolor, encina.
Es el mismo dolor de las estrellas
y de la flor marchita.

   Mis lágrimas resbalan a la tierra
y, como tus resinas,
corren sobre las aguas del gran cauce
que va a la noche fría.
Y nosotros también resbalaremos,
yo con mis pedrerías,
y tú plenas las ramas de invisibles
bellotas metafísicas.

   No me abandones nunca en mis pesares,
esquelética amiga.
Cántame con tu boca vieja y casta
una canción antigua,
con palabras de tierra entrelazadas
en la azul melodía.

   Vuelvo otra vez a echar las redes sobre
la fuente de mi vida,

redes hechas con hilos de esperanza,
nudos de poesía,
y saco piedras falsas entre un cieno
de pasiones dormidas.

    Con el sol del otoño toda el agua
de mi fontana vibra,
y noto que sacando sus raíces
huye de mí la encina.

Invocación al laurel

1919

A Pepe Cienfuegos

Por el horizonte confuso y doliente
venía la noche preñada de estrellas.
Yo, como el barbudo mago de los cuentos,
sabía lenguajes de flores y piedras.

Aprendí secretos de melancolía,
dichos por cipreses, ortigas y yedras;
supe del ensueño por boca del nardo,
canté con los lirios canciones serenas.

En el bosque antiguo, lleno de negrura,
todos me mostraban sus almas cual eran:
el pinar, borracho de aroma y sonido;
los olivos viejos, cargados de ciencia;
los álamos muertos, nidales de hormigas;
el musgo, nevado de blancas violetas.

Todo hablaba dulce a mi corazón
temblando en los hilos de sonora seda

con que el agua envuelve las cosas paradas
como telaraña de armonía eterna.

Las rosas estaban soñando en la lira,
tejen las encinas oros de leyendas,
y entre la tristeza viril de los robles
dicen los enebros temores de aldea.

Yo comprendo toda la pasión del bosque:
ritmo de la hoja, ritmo de la estrella.
Mas decidme, ¡oh cedros!, si mi corazón
dormirá en los brazos de la luz perfecta.

Conozco la lira que presientes, rosa;
formé su cordaje con mi vida muerta.
¡Dime en qué remanso podré abandonarla
como se abandonan las pasiones viejas!

¡Conozco el misterio que cantas, ciprés;
soy hermano tuyo en noche y en pena;
tenemos la entraña cuajada de nidos,
tú de ruiseñores y yo de tristezas!

¡Conozco tu encanto sin fin, padre olivo,
al darnos la sangre que extraes de la Tierra:
como tú, yo extraigo con mi sentimiento
el óleo bendito
que tiene la idea!

Todos me abrumáis con vuestras canciones;
yo sólo os pregunto por la mía incierta;

ninguno queréis sofocar las ansias
de este fuego casto
que el pecho me quema.

¡Oh laurel divino, de alma inaccesible,
siempre silencioso,
lleno de nobleza!
¡Vierte en mis oídos tu historia divina,
tu sabiduría profunda y sincera!

¡Árbol que produces frutos de silencio,
maestro de besos y mago de orquestas,
formado del cuerpo rosado de Dafne
con savia potente de Apolo en tus venas!

¡Oh gran sacerdote del saber antiguo!
¡Oh mudo solemne cerrado a las quejas!
¡Todos tus hermanos del bosque me hablan;
sólo tú, severo, mi canción desprecias!

Acaso, ¡oh maestro del ritmo!, medites
lo inútil del triste llorar del poeta.
Acaso tus hojas, manchadas de luna,
pierdan la ilusión de la primavera.

La dulzura tenue del anochecer,
cual negro rocío, tapizó la senda,
teniendo de inmenso dosel a la noche,
que venía grave, preñada de estrellas.

Ritmo de otoño
1920

A Manuel Ángeles

Amargura dorada en el paisaje.
El corazón escucha.

En la tristeza húmeda
el viento dijo:
«Yo soy todo de estrellas derretidas,
sangre del infinito.
Con mi roce descubro los colores
de los fondos dormidos.
Voy herido de místicas miradas,
yo llevo los suspiros
en burbujas de sangre invisibles
hacia el sereno triunfo
del Amor inmortal lleno de Noche.
Me conocen los niños,
y me cuajo en tristezas
sobre cuentos de reinas y castillos.

Soy copa de la luz. Soy incensario
de cantos desprendidos
que cayeron envueltos en azules
transparencias de ritmo.
En mi alma perdiéronse solemnes
carne y alma de Cristo,
y finjo la tristeza de la tarde
melancólico y frío.
Soy la eterna armonía de la Tierra,
el bosque innumerable.

    Llevo las carabelas de los sueños
a lo desconocido.
Y tengo la amargura solitaria
de no saber mi fin ni mi destino.»

    Las palabras del viento eran süaves,
con hondura de lirios.
Mi corazón durmióse en la tristeza
del crepúsculo.

    Sobre la parda tierra de la estepa
los gusanos dijeron sus delirios:
«Soportamos tristezas
al borde del camino.
Sabemos de las flores de los bosques,
del canto monocorde de los grillos,
de la lira sin cuerdas que pulsamos,
del oculto sendero que seguimos.

Nuestro ideal no llega a las estrellas,
es sereno, sencillo;
quisiéramos hacer miel, como abejas,
o tener dulce voz o fuerte grito,
o fácil caminar sobre las hierbas,
o senos donde mamen nuestros hijos.

   Dichosos los que nacen mariposas
o tienen luz de luna en su vestido.
¡Dichosos los que cortan la rosa
y recogen el trigo!
¡Dichosos los que dudan de la Muerte
teniendo Paraíso,
y el aire que recorre lo que quiere
seguro de infinito!
Dichosos los gloriosos y los fuertes,
los que jamás fueron compadecidos,
los que bendijo y sonrió triunfante
el hermano Francisco.
Pasamos mucha pena
cruzando los caminos.
Quisiéramos saber lo que nos hablan
los álamos del río.»

   Y en la muda tristeza de la tarde
respondióles el polvo del camino:
«Dichosos, ¡oh gusanos!, que tenéis
justa conciencia de vosotros mismos,
y formas y pasiones
y hogares encendidos.

Yo en el sol me disuelvo
siguiendo al peregrino,
y cuando pienso ya en la luz quedarme
caigo al suelo dormido.»

    Los gusanos lloraron y los árboles,
moviendo sus cabezas pensativos,
dijeron: «El azul es imposible.
Creímos alcanzarlo cuando niños,
y quisiéramos ser como las águilas
ahora que estamos por el rayo heridos.
De las águilas es todo el azul.»
Y el águila a lo lejos:
«¡No, no es mío!
Porque el azul lo tienen las estrellas
entre sus claros brillos.»
Las estrellas: «Tampoco lo tenemos:
está sobre nosotras escondido.»
Y la negra distancia: «El azul
lo tiene la esperanza en su recinto.»
Y la esperanza dice quedamente
desde el reino sombrío:
«Vosotros me inventasteis, corazones.»
Y el corazón...:
«¡Dios mío!»

    El otoño ha dejado ya sin hojas
los álamos del río.
El agua ha adormecido en plata vieja
al polvo del camino.

Los gusanos se hunden soñolientos
en sus hogares fríos.
El águila se pierde en la montaña;
el viento dice: «Soy eterno ritmo.»
Se oyen las nanas a las cunas pobres,
y el llanto del rebaño en el aprisco.

    La mojada tristeza del paisaje
enseña como un libro
las arrugas severas que dejaron
los ojos pensadores de los siglos.

    Y mientras que descansan las estrellas
sobre el azul dormido,
mi corazón ve su ideal lejano
y pregunta:
«¡Dios mío!»
Pero, Dios mío, ¿a quién?
¿Quién es Dios mío?
¿Por qué nuestra esperanza se adormece
y sentimos el fracaso lírico
y los ojos se cierran comprendiendo
todo el azul?

    Sobre el paisaje viejo y el hogar humeante
quiero lanzar mi grito,
sollozando de mí como el gusano
deplora su destino.
Pidiendo lo del hombre: Amor inmenso
y azul como los álamos del río.

Azul de corazones y de fuerza,
el azul de mí mismo,
que me ponga en las manos la gran llave
que fuerce al infinito.
Sin terror y sin miedo ante la muerte,
escarchado de amor y de lirismo.
Aunque me hiera el rayo como al árbol
y me quede sin hojas y sin grito.

    Ahora tengo en la frente rosas blancas
y la copa rebosando vino.

Aire de nocturno

1919

Tengo mucho miedo
de las hojas muertas,
miedo de los prados
llenos de rocío.
Yo voy a dormirme;
si no me despiertas,
dejaré a tu lado mi corazón frío.

«¿Qué es eso que suena
muy lejos?»
«Amor,
el viento en las vidrieras,
¡amor mío!»

Te puse collares
con gemas de aurora.
¿Por qué me abandonas
en este camino?

Si te vas muy lejos
mi pájaro llora
y la verde viña
no dará su vino.

«¿Qué es eso que suena
muy lejos?»
«Amor,
el viento en las vidrieras,
¡amor mío!»

Tú no sabrás nunca,
esfinge de nieve,
lo mucho que yo
te hubiera querido
esas madrugadas
cuando tanto llueve
y en la rama seca
se deshace el nido.

«¿Qué es eso que suena
muy lejos?»
«Amor,
el viento en las vidrieras,
¡amor mío!»

Nido

1919

  ¿Qué es lo que guardo en estos
momentos de tristeza?
¡Ay!, ¿quién tala mis bosques
dorados y floridos?
¿Qué leo en el espejo
de plata conmovida
que la aurora me ofrece
sobre el agua del río?
¿Qué gran olmo de idea
se ha tronchado en mi bosque?
¿Qué lluvia de silencio
me deja estremecido?
Si a mi amor dejé muerto
en la ribera triste,
¿qué zarzales me ocultan
algo recién nacido?

Otra canción
1919 (Otoño)

¡El sueño se deshizo para siempre!

En la tarde lluviosa
mi corazón aprende
la tragedia otoñal
que los árboles llueven.

Y en la dulce tristeza
del paisaje que muere
mis voces se quebraron.
El sueño se deshizo para siempre.
¡Para siempre! ¡Dios mío!
Va cayendo la nieve
en el campo desierto
de mi vida,
y teme
la ilusión, que va lejos,
de helarse o de perderse.

¡Cómo me dice el agua
que el sueño se deshizo para siempre!
¿El sueño es infinito?
La niebla lo sostiene,
y la niebla es tan sólo
cansancio de la nieve.

Mi ritmo va contando
que el sueño se deshizo para siempre.
Y en la tarde brumosa
mi corazón aprende
la tragedia otoñal
que los árboles llueven.

El macho cabrío

1919

El rebaño de cabras ha pasado
junto al agua del río.
En la tarde de rosa y de zafiro,
llena de paz romántica,
yo miro
al gran macho cabrío.

¡Salve, demonio mudo!
Eres el más
intenso animal.
Místico eterno
del infierno
carnal...

¡Cuántos encantos
tiene tu barba,
tu frente ancha,
rudo don Juan!

¡Qué gran acento el de tu mirada
mefistofélica
y pasional!

   Vas por los campos
con tu manada
hecho un eunuco
¡siendo un sultán!
Tu sed de sexo
nunca se apaga;
¡bien aprendiste
del padre Pan!

   La cabra,
lenta te va siguiendo,
enamorada con humildad;
mas tus pasiones son insaciables;
Grecia vieja
te comprenderá.

   ¡Oh ser de hondas leyendas santas,
de ascetas flacos y Satanás
con piedras negras y cruces toscas,
con fieras mansas y cuevas hondas
donde te vieron entre la sombra
soplar la llama
de lo sexual!

   ¡Machos cornudos
de bravas barbas!
¡Resumen negro a lo medieval!

Nacisteis juntos con Filomnedes
entre la espuma casta del mar,
y vuestras bocas
la acariciaron
bajo el asombro del mundo astral.

Sois de los bosques llenos de rosas
donde la luz es huracán;
sois de los prados de Anacreonte,
llenos con sangre de lo inmortal.

¡Machos cabríos!
Sois metamórfosis
de viejos sátiros
perdidos ya.
Vais derramando lujuria virgen
como no tuvo otro animal.

¡Iluminados del Mediodía!
Pararse en firme
para escuchar
que desde el fondo de las campiñas
el gallo os dice:
«¡Salud!», al pasar.

Apéndice
Un romance en nueva versión

Para el origen de la versión de «El diamante» remito a las notas textuales que cierran esta edición. Lorca corrige este romance del *Libro de poemas,* escrito en noviembre de 1920, hacia 1933. Aunque entonces lo cita sin título, mantengo el de la colección en que apareció, ya sin indicación de fecha ni de lugar de composición.

Surgió esta revisión del deseo de ejemplificar con un poema antiguo el arranque y continuidad de la forma romancística en su poesía, a la hora de comentar el *Romancero gitano.* Sin embargo, el *corpus* en cuanto tal del *Libro de poemas* no fue nunca revisado con vistas a una hipotética reedición. Aunque al fin de la vida del poeta parece que aleteaba en torno a él el deseo de ver una recopilación de poesías completas, no se tiene noticia alguna de que Lorca considerara esta posibilidad. Antes le urgía publicar lo mucho que mantenía inédito o continuar con lo que estaba escribiendo. Por ello no llegó nunca a ofrecernos, como Cernuda en *La realidad y el deseo* (1936), una revisión –¿drástica?– de su primer libro poético, que acaso habría realizado de haber vivido más.

El diamante

El diamante de una estrella
ha rayado el hondo cielo,
pájaro de luz que quiere
escapar del firmamento
y huye del enorme nido
donde estaba prisionero,
sin saber que lleva atada
una cadena en el cuello.

Cazadores extrahumanos
están cazando luceros,
cisnes de plata maciza
en el agua del silencio.

Los chopos niños recitan
la cartilla. Es el maestro
un chopo antiguo que mueve
tranquilo sus brazos viejos.

¡Rana, empieza tu cantar!
¡Grillo, sal de tu agujero!
Haced un bosque sonoro
con vuestras flautas. Yo vuelvo
hacia mi casa intranquilo.
Se agitan en mi recuerdo
dos palomas campesinas
y en el horizonte, lejos,
se hunde el arcaduz del día.
¡Terrible noria del tiempo!

Notas al texto

La fama alcanzada por la persona y la obra de Federico García Lorca milita contra el poeta de dos modos: perpetuación de los tópicos creados en torno a su figura desde los primeros momentos; desidia de críticos y panegiristas en la revisión de esos tópicos, en ocasiones máscaras que el poeta se puso y que sus amigos confundieron a veces con el rostro verdadero. Lo nada más enunciado afecta a la biografía, pero no puede olvidarse que un aspecto importantísimo de la vida de un poeta y dramaturgo reside en la historia de la edición o estreno de sus obras. Es en este terreno, y en lo que respecta a la edición y transmisión del *Libro de poemas,* donde conviene hacer algunas puntualizaciones.

Para simplificar, mencionaré de ahora en adelante el *Libro de poemas* por sus siglas: *LP*. Paso a enumerar sus ediciones más importantes después de la muerte del poeta, pues a ellas he de referirme en contraste con algunas de mis observaciones. Dejo de momento a un lado la primera y única edición de *LP* realizada en vida de Lorca.

- Ed. Guillermo de Torre, en FGL, *Obras completas,* II (con *Primeras canciones, Canciones, Seis poemas galegos),* Buenos Aires, Losada, 1938 y ss.

- Ed. Arturo del Hoyo, en FGL, *Obras completas,* Madrid, Aguilar, 1954 y ss. (Tomaré como referencia las ediciones 20.ª (1977) y 21.ª (1980).
- Ed. Miguel García-Posada, en FGL, *Poesía,* 1 *(Obras,* I), Madrid, Akal, 1980 y 1982².
- Ed. crítica de Ian Gibson, en FGL, *Libro de poemas,* Barcelona, Ariel, 1982.
- Ed. crítica de Marco Massoli, en *FGL e il suo «Libro de poemas»: un poeta alla ricerca della propria voce. (Introduzione. Testo critico. Commento):* Pisa, C. Cursi Editore & F., 1982.

Cabe mencionar también una traducción, la de André Belamich en FGL, *Oeuvres complètes,* I, Gallimard, Bibliothèque de La Pléiade, París, 1981. La importancia de esta traducción reside en el apartado de «Notices, notes et variantes», págs. 1199-1224 para *LP.* La edición de Del Hoyo se ofrece con unas notas muy someras en el apartado de «Notas al texto» del segundo volumen, en las que se hace eco de correcciones sugeridas por J. Comincioli. Más ampliamente anotada, con planteamientos cambiantes, es la doble edición de García-Posada.

He tocado en la introducción a este volumen circunstancias que iluminan la génesis del proyecto de edición de *LP.* Ha de añadirse que para Lorca éste era *su primer libro.* Así lo menciona y recuerda en la citada carta a Miguel Hernández, 1933. Detrás de esta manifestación hay un dato olvidado: el propio Lorca retiró de las librerías granadinas la edición de *Impresiones y paisajes* (1918). Desconozco la fecha de esa retirada de ejemplares, que su hermana Isabel recuerda, pero el sentido autocrítico que late en esa acción volverá a reaparecer. Es el mismo que le hace dudar seriamente sobre la pertinencia del estreno del *Maleficio* (1920); el que le dicta, entre otras, las «Palabras de justificación» que abren *LP;* o el que, años más tarde, en el ensayo general de *Yerma* (1934) le lleva a decir ante Benavente, Unamuno y Valle-Inclán, sin recatarse del periodista que lo anota: «Esta noche la obra me parece rematadamente mala».

Esa insatisfacción, en realidad una de las caras del poeta ante el proteismo de su obra (cf. Francisco G. Lorca, págs. 190-191), le llevará a expresarse sobre *LP* en términos que por lo común han sido tomados demasiado al pie de la letra. En mi opinión se ha hecho excesivo hincapié en el desinterés de Lorca ante la edición de su libro, achacando sus características o defectos a la labor del editor, Gabriel García Maroto. El mencionado rechazo de *Impresiones* se vio precedido por el regalo de ejemplares efusivamente dedicados a los amigos. Un indudable interés, al menos previo, rodeó la salida de *LP*. Intento dilucidar, aunque sólo sea por huellas indirectas, el papel real cumplido por el poeta en el proceso de edición del libro. Como trataré de probar, su intervención debió ser al menos semejante a la que más tarde sostuvo ante ediciones como la del *Romancero gitano* (1928) o la del *Poema del cante jondo* (1931).

La *editio princeps* del *Libro de poemas* (Imprenta Maroto, Madrid, 1921) fue cuidada con indudable esmero por parte de su editor. No en vano Maroto se movía en la órbita de Juan Ramón Jiménez. El grueso volumen tenía 298 páginas y fue impreso con generosidad de blancos. Todos los poemas, 68 en total, comenzaban en página impar, en tanto que título, fecha y lugar de composición figuraban en página enfrentada. El lugar a veces se omite y constituye excepción en el uso de blancos, como explico en la nota del poema, el titulado «El camino». El gusto modernista influye en la viñeta que adorna cubierta y portada: un camafeo ovalado con un desnudo de mujer cuyas piernas dobladas están parcialmente hundidas en una corriente de agua. Los extremos de un paño resbalan desde los brazos abiertos hasta la corriente, enmarcando así las líneas de esta bañista mitológica, el cuerpo ancho y la cabeza ladeada. El motivo de la viñeta, por discreto que sea en su dibujo, juega con una agradable y bien contrastada elección de tipos y cuerpos de letras, armónicamente distribuidos. Si me detengo en estos detalles es para insistir en el gusto y cuidado que se puso en el libro; de modo especial, para explicar una decisión de clasicismo (con aire «retro», dirá Massoli) que seguramente se debió a Maroto: la composición de todos los versos del libro con mayúscula inicial.

Han mantenido esta norma de la *princeps* la mayor parte de los editores modernos: De Torre, Belamich, García-Posada y Gibson. No la siguen Del Hoyo, al parecer para igualar con un criterio homogéneo la edición de toda la poesía lorquiana, y Massoli. Éste se muestra contrario a mantener una norma que puede obstaculizar la fluidez de lectura de los poemas. Por su parte, Gibson señala la coincidente presencia de mayúsculas iniciales de verso en los manuscritos tempranos del poeta y en la *princeps,* de lo que se deduce la conveniencia de respetar el mismo criterio. A esta doble razón parece plegarse García-Posada, quien en 1980 habla de la «inexplicable» supresión «en todas las ediciones» del uso tipográfico debatido. En 1982 prescinde de este párrafo explicativo, pero mantiene en su revisada edición el mismo criterio que en la primera para las iniciales de verso. Defiende a ultranza este crítico lo que entiende que es «el objetivo de todo editor responsable»: la fidelidad a la voluntad del autor.

Un elemento de duda sobre esa supuesta voluntad lo constituyen los seis poemas publicados por Lorca en las revistas *La Pluma* y *España* antes de su inclusión en *LP.* En ninguna de las dos publicaciones se respeta la norma de la mayúscula inicial de verso, que el poeta pudo imponer. En mi opinión, el criterio seguido fue el de los editores, al igual que en la *princeps*. Pero antes de insistir en este punto, es preciso hablar de los manuscritos. Como ya he escrito a este propósito, Lorca no siguió siempre un criterio que pueda denominarse regular. Tanto en manuscritos tempranos como tardíos alterna mayúsculas y minúsculas en posición inicial de verso con independencia de que la palabra correspondiente siga o no a punto. Sí puede decirse, no obstante, que el predominio de las mayúsculas iniciales es superior en los manuscritos primeros, a veces total o casi. El poeta se plegaba así al modelo de muchas de sus lecturas juveniles. Y, sin embargo, tampoco se puede establecer una divisoria entre manuscritos tempranos y tardíos. Baste un ejemplo. El manuscrito autógrafo de «Apunte para una oda», fechado en 1924 y editado facsimilarmente por R. M. Nadal *(Autógrafos,* I, Oxford, 1975, págs. 134-137) presenta, para 32 versos, 29 mayúsculas iniciales. De estas 29, 10 no vienen exigidas por la construcción sintáctica, en tanto que 3 (4 según otro cómputo posible) corresponden a minúsculas iniciales en posición semejante a las 10 indicadas. Podría hacerse un recuento del mismo tipo sobre los autógrafos de 1921 pertenecientes al *Poema del cante jondo,* también reproducidos por Nadal. Sobre no querer recargar estas notas, una simple ojeada nos muestra que la norma seguida para las iniciales de verso en esa serie está más cerca de los usos de Juan Ramón Jiménez (por ejemplo, en *Diario de poeta y mar,* 1917) que de los siempre mantenidos por Jorge Guillén, ya desde su primer *Cántico* (1928).

Mayúsculas y minúsculas iniciales se suceden, por tanto, en un mismo poema sin que Lorca mantenga una norma exclusiva. Tampoco la cronología nos sirve de modo tajante para defender la existencia de una clara divisoria en la oposición mayúscula / minúscula en iniciales de verso. Podrá objetarse que el «Apunte» es un poema de intención clasicista, o que esta cala en el problema peca de muy incompleta. La respuesta es en parte sencilla: Lorca *descuidaba* estos aspectos en la redacción de sus manuscritos, aunque fueran copias en limpio, *de la misma manera* que no parecía importarle demasiado la fijación de una puntuación correcta en esos mismos manuscritos autógrafos. Véase a este respecto el cuadro estadístico realizado por D. Eisenberg sobre la puntuación en final de verso en 29 autógrafos: «*Poeta en Nueva York»: historia y problema de un texto de Lorca,* Barcelona, Ariel, 1976, págs. 131-133. «Pequeño poema infinito», de 29 versos, tan sólo presenta uno con puntuación final. El caso es extremo, por tratarse a todas luces de un borrador, pero se puede generalizar con el mismo investigador: Lorca «omitía a menudo puntuar el final de los versos» (pág. 127). Por otro lado, la escasez y particularidad de la puntuación lorquiana suelen ser ajenas a la norma culta o académica. Hay que advertir, sin embargo, que en un poeta de la complejidad de Lorca nada tiene una sola cara. Como en cualquier poeta que sepa realmente lo que es un poema, y recuérdese su «Poética», también en él había una preocupación por la presentación de sus textos. Ya advertí en mi edición del *Romancero (Obras,* 1, Madrid, Alianza Edit., 1983[2], pág. 199) que se han conservado apógrafos revisados por el autor, en algún caso con atención apreciable para los problemas de puntuación. Uno de ellos, que citaré más adelante, es el de la conferencia-recital sobre el *Romancero gitano.*

Vueltos sobre las iniciales de verso, no se mantuvo tampoco el uso de mayúsculas para poemas como «El diamante», «Veleta» y «Balada del agua del mar» con posterioridad a su inclusión en la *princeps*. Me refiero, como indicaré en las notas correspondientes, al apógrafo citado, que incluye «El diamante», y a la antología de Gerardo Diego (1932 y 1934), que se abría para Lorca con los otros dos poemas. Existen, pues, ejemplos contrarios a la *princeps* antes y después de su salida. No se puede decir de modo terminante que el uso no fuera una opción de Lorca para esa primera edición, pero sí que asumía (o aceptaba) opciones contrarias para los mismos poemas. En la aludida antología seguramente porque el criterio seguido fue el del antólogo, que establecería una norma homogénea para toda la selección. Acaso bastaría este motivo, si no el esgrimido por Massoli, para optar por la minúscula inicial en una serie de *Obras* como la presente. Con ello estamos partiendo tácitamente de la consideración de tres textos distintos: poema o poemas sueltos, libro de poemas, colección de libros. Si la diferenciación es esclarecedora, baste recordar el caso de Jorge Guillén, que siguió manteniendo el uso de mayúsculas en inicial de verso cuando entregaba sus poemas a publicaciones periódicas. Por otro lado, se olvida a menudo, y de modo especial cuando se escribe sobre *LP,* uno de los pasos del proceso de transmisión de los textos lorquianos en su etapa inicial.

Lorca debía ser consciente de la irregularidad de sus manuscritos en lo referente a puntuación, ortografía y uso de iniciales de verso. Aunque sólo el primer aspecto puede afectar al significado del poema, proponiendo acaso una interpretación no querida por el autor, los tres están mutuamente interrelacionados. Aludiré, además, a otra opción tipográfica: la ruptura o escalonamiento de versos de manera desusada. Sobre el tema de la puntuación y ortografía ya he tratado en las notas a mi citada edición del *Romancero* (2.ª ed.) y no voy a insistir en lo allí dicho, si no es en aspectos que atañen específicamente a *LP*. Lo que sí conviene recordar es que en los casos que nos son conocidos –*Poemas, Suites, Canciones, Romancero, Poeta en Nueva York, Diván, Sonetos*–, Lorca contó con la colaboración de copistas para fijar el texto que entregó o proyectaba entregar a la imprenta. Cuando no lo hizo así (romances enviados en autógrafo a Emilio Prados para *Litoral*), tuvo mucho de qué lamentarse por lo que juzgó incorrecta interpretación de sus textos, tal como podemos comprobar en su epistolario. Para alguno de los libros enumerados habría que hacer una serie de precisiones, pero lo que ahora quiero notar es lo siguiente: se puede demostrar sin sombra de duda que variantes de puntuación o lecciones determinadas, algunas erróneas, se deben a la transcripción del copista, aceptada o no supervisada cuidadosamente por el poeta. Mas también vale una consecuencia contraria: algunas de esas lecciones supuestamente erróneas pueden obedecer a correcciones que no constan en ningún manuscrito, pues habrían sido añadidas por Lorca en la revisión del apógrafo correspondiente

Resulta clara, por consiguiente, la importancia insoslayable de los apógrafos, se hayan conservado o no. Por apógrafos entiendo copias autorizadas, es decir, que fueron encargadas y aceptadas por el autor. Un corolario evidente (y valga la insistencia ante la alegría enmendadora de algunos editores) es que los manuscritos muchas veces no constituyen fuente prioritaria o única para restablecer un texto supuestamente deturpado. Pensar de otro modo implica el olvido de algo que suele ser válido para cualquier autor, pero que en Lorca cobra un relieve destacado. Entre el original autógrafo que éste dispone y el texto impreso media un número variable de apógrafos, entre dos y tres. Lo habitual es que sean dos, pero espero poder estudiar un día un ejemplo de mayor complejidad, para el que felizmente se han conservado todas las etapas del proceso. Se hace precisa también una referencia a las pruebas de imprenta, a las que el poeta atendió más de lo que se ha supuesto.

La mitificación de Lorca ha implicado, entre otros aspectos, la supervaloración de cualquier huella escrita que haya dejado. De ahí al fetichismo de los autógrafos no había más que un paso. Me permito, en este terreno, un excursus ejemplificador: la bipartición de *Poeta en Nueva York* realizada por Eutimio Martín (ed. crítica de *PNY* y *Tierra y luna,* Barcelona, Ariel, 1981) y seguida, con algunas modificaciones, por M. García-Posada (en FGL, *Poesía*, 2, *Obras II,* Madrid, Akal, 1982). Ambos críticos partían del descubrimiento, hecho por Martín, de un índice autógrafo de *Tierra y luna,* fechable en 1933 y sólo válido como proyecto de esa fecha, no de 1935-1936, época final en la que Lorca, imaginador continuo de proyectos, deja preparado el texto de *Poeta en Nueva York,* aun falto de una última revisión. Pero más sorprendente resulta encontrarse con poemas cuyo texto ha sido establecido por Martín de acuerdo con los *borradores* conservados en el archivo del poeta. Por muchas razones «científicas» que se esgriman, y dejando aparte el valor de las aportaciones documentales de este crítico, el resultado es poéticamente escandaloso. De modo parecido, García-Posada confunde pruebas de imprenta con capillas –es decir, pliegos ya impresos y doblados–, lo que le lleva a corregir algún poema del *Diván* sobre versiones primitivas. No es preciso aclarar que sólo enuncio el problema, sobre cuya complejidad y bibliografía no puedo detenerme.

Atendiendo, pues, al inicial proceso de transmisión, hay que distinguir las siguientes etapas: Lorca recibe la copia encargada, casi siempre mecanografiada, añade las palabras no entendidas por el copista (éste suele dejar un blanco cuando tropieza con términos ilegibles o que le son desconocidos) y establece las correcciones definitivas, según he indicado. Entre ellas puede haber algunas de puntuación, pero el poeta rara vez atiende cuidadosa o exhaustivamente a este aspecto del texto. Y es que Lorca fía al copista la solución global de los problemas diversos que plantea la correcta presentación de un texto para la imprenta, lo que no está en contra de la revisión que luego él realiza. En lo referente al *Poema del cante jondo* y *Romancero gitano* ha descrito las aludidas etapas Martínez Nadal, en su introducción al citado primer volumen de *Autógrafos* lorquianos. Su testimonio tiene el máximo valor, pues él fue uno de esos copistas. Para los libros poéticos estos copistas fueron casi siempre reclutados entre los amigos. Otro es el caso de las piezas teatrales, cuya copia Lorca encargaba a una agencia profesional. Excepcionalmente, durante su estancia en los países del Plata, tuvo contratado a un mecanógrafo.

Un mínimo conocimiento de los manuscritos lorquianos de cualquier fecha nos lleva a la conclusión de que el texto de *LP* tal como se ofrece en la *princeps* fue impreso a partir de un apógrafo. Cabría aceptar la suposición de que un tipógrafo avezado trabajó directamente sobre los manuscritos, cosa que me parece harto improbable. No obstante, aunque así hubiera sucedido, siempre estaríamos ante la presencia de un «mediador» textual obligado a interpretar los muy irregulares manuscritos del poeta. Es simplificar la realidad insistir únicamente en el deseable hallazgo del manuscrito perdido, que serviría como «base para una edición definitiva» (García-Posada, 1982, pág. 592). Más pertinentes resultan las observaciones de Gibson (págs. 6-7), quien alude, sin inclinarse por ninguna hipótesis, a la posible existencia de una copia mecanográfica (también perdida), en la que pudo basarse el editor. Añade en conclusión: «García Maroto, sin poder contar con la ayuda del poeta, se vería forzado en esta situación a tomar sus propias decisiones con respecto a los múltiples problemas textuales que irían surgiendo mientras se componía el libro. Y estas decisiones, necesariamente, no serían siempre las correctas».

Admitir esta suposición supone dar por sentado que el libro se compuso sobre un original dejado de la mano del autor, es decir, sobre un manuscrito prototípico de Lorca: escasa puntuación –incluso allí donde sería imprescindible–, defectos ortográficos, falta de homogeneidad en marcar determinados usos tipográficos, como los guiones o comillas para indicar presencia de diálogo. Sacando consecuencias de esta hipótesis, nos encontramos con un Lorca dubitativo sobre la calidad literaria de su libro de poemas; en esta situación, Maroto habría impuesto su voluntad de editarlo, encargándose a solas de corregirlo, todo ello a partir de los acuerdos de primera hora sobre la edición. Es posible que el poeta no revisara las pruebas de imprenta, como asegura Mora Guarnido y parecía admitir Francisco García Lorca, pero ni siquiera esto es seguro: la inclusión de «El camino», como demuestro más abajo, cuando el volumen estaba en pruebas compaginadas, sugiere con un gran margen de probabilidad la intervención del autor, aunque sólo fuera en ese punto. Y en cuanto a la parte primera, dudo seriamente de que Lorca no asumiera su cuota de responsabilidad y personal intervención en la fase de preparación del original que habría de entregarse a la imprenta, máxime si recordamos el interés que había puesto en la edición. No en vano había solicitado a sus padres que se hicieran cargo de los costes del libro.

Por otro lado, los ejemplos del *Poema* y del *Romancero*, aunque no sean estrictamente válidos por razones de cronología, atestiguan una preocupación o costumbre que seguramente venían de antiguo. Hablo, se entiende, de la existencia de apógrafos intermedios. Lo que es mera hipótesis para *LP* se refuerza si atendemos al hecho de que ya existen copias mecanográficas de primera época. Puedo citar, por ejemplo, dos copias idénticas (una de ellas en los archivos familiares) de una prosa juvenil inédita hasta fecha reciente. Por sus características podría ser de fechas muy próximas a «Fantasía simbólica», publicada en 1917. También aquí, como en esa «Fantasía», hay voces dialogantes, ahora por boca de instrumentos musicales.

A las palabras de un piano, responden unas trompas: «Nosotras te recibimos. ¡Salve al compositor!» La exclamación nos lleva a la frontera que divide la vocación del músico de la del poeta, todavía éste inmerso en los mundos de Chopin y Beethoven. No sería nada descabellado pensar que esos dos apógrafos fueron encargados con vistas a la deseada publicación del texto en alguna revista o periódico granadinos. Finalmente, el simple sentido común nos hace suponer que sólo en casos excepcionales Lorca entregó a la imprenta un original manuscrito. Sólo escritores de letra muy clara, concurriendo a veces un indudable prestigio intelectual, han podido imponer la admisión de originales autógrafos para su directa composición en la imprenta. Ninguna de las dos circunstancias coincidían en el Lorca de 1921.

Todo nos conduce a la hipótesis de que debió existir, junto al manuscrito, un apógrafo último de *LP,* seguramente mecanografiado. (No descarto, como sucedió con el *Diván,* que la copia se debiera a la mano y mejor caligrafía de un amigo, fuera o no García Maroto, pero lo más probable es lo primero.) Por este motivo he hablado desde el principio de la cuidada atención con que se compuso *LP.* Descontadas las erratas que afean, casi por ley inevitable, cualquier edición, la mayor parte de las faltas que pueden achacarse a la *princeps* deben atribuirse a Lorca. Y al nombrar al poeta, atribuyo también a su responsabilidad los defectos del hipotético apógrafo, que él habría encargado y seguramente supervisado. El copista trató de establecer una puntuación lo más correcta posible, aunque mantuviera usos que son peculiares de Lorca, así como intentó resolver otras características del manuscrito. Este trabajo no está exento de contradicciones o defectos, como sucedió, por ejemplo, con la *princeps* del *Romancero,* donde se deslizaron incluso faltas de ortografía. La razón estriba en que estos copistas amigos, por su carácter no profesional, mantuvieron o resolvieron mal algunas lecciones o usos incorrectos del poeta. Mas precisamente por ello también respetaron peculiaridades del texto que acaso un copista distinto (o un responsable de edición) habría resuelto de otro modo. Me refiero a opciones desusadas, pero que Lorca asume voluntariamente. Sobre esta base, enumeraré los puntos más importantes, aquellos que han de ser tenidos en cuenta para una correcta edición de *LP*, pero que igualmente afectan a problemas propios de la transmisión de toda la poesía lorquiana.

1) Que la puntuación de la *princeps* no es enteramente la del poeta se demuestra por el simple cotejo de los pocos manuscritos sueltos que se han conservado (remito a las notas de la edición crítica de Gibson) o de los poemas publicados en edición previa a *LP*. En lo referente al segundo cotejo, véase el análisis de variantes que realizo más abajo para «Veleta», pero también la compleja problemática planteada por «Aire de nocturno». Valga, no obstante, una aclaración: los aludidos manuscritos no son parte del original del libro. La puntuación variaría en más de un caso, igual que el texto. En *LP* se intentó regularizar los poemas mediante el añadido de los signos necesarios de puntuación, dado que Lorca pecaba fundamentalmente por defecto. Subsisten vocativos que no van enmarcados por comas o finales de verso sin signo alguno, como en «La sombra de mi alma» y en «Canción oriental». Problema afín, aunque distinto, se observa en finales de verso que acaso fueron puntuados de manera inadecuada.

2) Lorca escribía de manera incorrecta palabras como *en medio* (enmedio), *mediodía* (medio día), *tiovivo* (tío vivo o *tío-vivo*), *clown* (clonw), etc. Algunas de estas variantes se documentan en los manuscritos que anota Gibson, pero también se pueden ver reflejadas en manuscritos más tardíos. Todos los ejemplos que he consignado pasaron a la *princeps* y, por lo dicho, dudo que no sean obra del poeta. La labor correctora del copista naufragó, por tanto, en algunos escollos. Así, lecciones como la de *tío vivo*, entrecomillado en «Otro sueño», pueden dar lugar a efectos cómicos que al autor le habrían horrorizado.

3) Al margen de las mayúsculas en iniciales de verso, tema del que ya he tratado, Lorca enfatizaba la carga semántica de nombres comunes mediante el uso de mayúscula inicial: *Naturaleza, Estío, Otoño, Tierra, Madre, Manzana, Muerte, Tiempo, Fauna, Quietud,* etc. Las tres primeras palabras pueden documentarse con la misma forma en otros poetas, pero en este uso de mayúsculas Lorca irá más lejos que ninguno, lo mismo en *LP* que en sus libros tardíos. Quede dicho, sin embargo, que la muerte, tantas veces personalizada en su poesía, aquí lo está incluso mediante tratamiento: *Doña Muerte* («Canción para la luna»).

4) En los autógrafos se observa que Lorca prescindía en gran medida de la acentuación, proporcionando, pues, materia de corrección a los copistas. Si éstos se exceden en algún caso (ese *mas* adversativo tantas veces acentuado en *LP),* la ausencia de acentuación necesaria puede alterar el cómputo silábico de un verso, dejándolo literalmente cojo: en «Canción otoñal», en «Canción para la luna». Sin embargo, volviendo llana una palabra esdrújula, se le alarga el pie a un verso de «El macho cabrío», con corrección injustificada.

5) Acaso haya tan sólo uno o dos autógrafos en los que el poeta señaló la necesidad de cursiva para diferenciar el estribillo, de acuerdo con una costumbre ampliamente seguida. Cabe pensar que tampoco marcó esa cursiva en los apógrafos. Algunos editores (Bergamín para el *Llanto* –«La cogida y la muerte»–, o Altolaguirre para dos secciones de *Primeras canciones)* establecieron el uso diferenciador de la cursiva para los versos de estribillo, sin que haya prueba alguna de que siguieran una indicación del poeta. En *LP* los estribillos se mantienen como estarían en el autógrafo: sin marca de cambio alguno en el tipo de letra, es decir, en redonda.

6) Lorca juega sutilmente con el uso de blancos. Prescindiendo de los que separan estrofas o tiradas de versos que quiere diferenciar, una peculiaridad de su poesía reside

en los blancos dobles, como el aquí notado en «Invocación al laurel». El poeta oral que fue Lorca señalaba de este modo una pausa mayor, al tiempo que distinguía netamente partes del poema. Que este uso no es casual en la citada «Invocación» lo muestra su nueva utilización en la *princeps* de *Canciones* (respeto esos blancos en mi edición, *Obras*, 6, 1982 [y Biblioteca de autor, 1998] por ejemplo, en «Refrán»), así como en la del *Llanto*. Sin embargo, el autógrafo en limpio de este gran poema ofrece en ese terreno sutilezas que no pasaron a la primera edición y que, pienso, han de restablecerse. Aludí al problema en *Obras*, 3, 1981, pág. 173. (Pero el apógrafo del *Llanto* seguramente fue marcado para la imprenta por José Bergamín, cuyo criterio difería del de los alegres copistas de otras ocasiones. Esbozo tan sólo problema e hipótesis, asentados sin duda en una intrincada complejidad.)

7) Una particularidad llamativa de la poesía lorquiana es que el poeta no respeta a veces la tradicional equivalencia verso-línea, como si ya se mostrara influido por las libertades del verso libre. No hablo del escalonamiento de segmentos de verso, tan común en la poesía moderna, sino de la inusual ruptura de moldes métricos. Nadie se extraña ante octosílabos «partidos» como *¡Cigarra! / ¡Dichosa tú!* («¡Cigarra!») o ante el famosísimo *Córdoba. / Lejana y sola*. En los dos ejemplos la ruptura distancia la rima a verso par, aunque en el segundo la rima *ó-a* identifica al estribillo. En el ejemplo de «¡Cigarra!» el poeta tuvo en cuenta las dos opciones –octosílabo o trisílabo más pentasílabo–, ya que el manuscrito previo que se ha conservado ofrecía un solo verso. No debió existir ninguna duda en la «Canción de jinete».

Un caso más sorprendente se presenta en «Pajarita de papel», como explico en la nota a este poema. Lorca hará uso de esta licencia también en poemas tardíos. En «Canción de la muerte pequeña» *(ca.* 1933) aparecen estos versos:

Notas al texto

> Sola mi mano izquierda
> atravesaba montes sin fin
> de flores secas.

De acuerdo con el metro del poema, todo él en heptasílabos, el tercer verso citado debería ser *sin fin de flores secas*. Lorca ha elegido otra distribución de las palabras, distinta de la esperable, para borrar todo equívoco en el significado que pretende. Más aún, en la primera edición del poema (ed. cit. de E. Martín, pág. 282), el último heptasílabo estaba escrito de este modo: *Prado. / Amor. / Luz / y arena*. Razones cambiantes de expresividad le llevan a Lorca a estas rupturas, muy abundantes en *LP*. Un caso prototípico lo encontramos en «Se ha puesto el sol», cuyos tres últimos versos figuran así en la *princeps*:

> Y habrá coplas de amor
> Que ya se saben
> De memoria las casas.

La ruptura del primer endecasílabo –Y *habrá coplas de amor que ya se saben*– es claramente voluntaria, y no creo que se pueda hablar, en general, de «anomalías» sin excesiva justificación, como da a entender García-Posada (pág. 592). Opino, por tanto, que se traiciona el deseo del autor si se regularizan los versos afectados por este tipo de rupturas, como hace casi siempre Massoli e hicieron antes Del Hoyo y García-Posada (que rectifica en 2.ª ed.). A ningún editor se le ha ocurrido someter a tales cirugías las *Odas elementales* de Neruda, entre otros casos posibles. En *LP* sólo ocasionalmente cabe la posibilidad de que estemos ante la división de parte de un verso, que habría sido erróneamente transcrito en el apógrafo o en el momento de la composición del texto.

8) En paralelo a las indicadas rupturas, Lorca separa en dos versos los hemistiquios de un alejandrino o de un dodecasílabo. También sucede al contrario: unificación de dos hexasílabos en un solo verso, como en «Aire de nocturno».

Para subrayar la carga expresiva de esos hemistiquios de alejandrinos los convierte en versos independientes en poemas como «Elegía a Doña Juana la Loca» y «Elegía». De ruptura de dodecasílabos hay ejemplos en «Invocación al laurel». Una vez más son opciones voluntariamente asumidas. De manera semejante, pero que ya no llama la atención, convirtió en dos heptasílabos el alejandrino que iría en posición par en el poema «Sueño». Acaso otro poeta lo habría presentado en dísticos:

> Mi corazón reposa junto a la fuente fría.
> (Llénala con tus hilos, araña del olvido!)

Al rimar en asonante los dos hemistiquios del segundo alejandrino, Lorca ha preferido diferenciarlos como dos heptasílabos, separados incluso por un blanco del alejandrino que los antecede. ¿Se quiebra en algo la progresión paralelística del poema? Acaso se acentúa.

Encontramos un caso extremo de las rupturas de alejandrinos en «Los álamos de plata». Queda claro que el poeta, en aras de una mayor expresividad, se desentiende incluso de la sucesión regular de la rima. Ésta resulta «visualmente» distanciada frente a la posición que debería ocupar, pero no para el oído del poeta o del lector atento.

9) Es imprescindible una advertencia última. En *LP*, más que en ningún otro libro lorquiano, se percibe una rara mezcla de sutileza y de descuido en la presentación de los textos del poeta. Dado que los autógrafos presentan con creces ejemplos parecidos, ha de pensarse en descuidos del autor inadecuadamente resueltos por el copista o el editor. Es claro que Lorca vacila en determinados usos o adopta soluciones contradictorias en casos paralelos. Un ejemplo evidente lo tenemos en el estribillo de «Aire de nocturno». No obstante, es preciso examinar atentamente en cada caso si la hipotética vacilación es o no atribuible al poeta. En el mencionado estribillo la vacilación parece, como explico en nota, del apógrafo o de imprenta.

Un signo tipográfico en particular debió ser descuidado por Lorca: las comillas o guiones para marcar entrada de diálogo. En sus manuscritos el poeta solía hacer uso de comillas, pero no siempre las señalaba. En *LP* se tendió a la utilización de guiones, seguramente añadidos en el apógrafo. Resulta sintomático que en «Ritmo de otoño» una sola intervención haya quedado entrecomillada en la *princeps*: «Soy eterno ritmo» (v. 102), en tanto que las demás aparecen con guiones. Cabe pensar que el poeta sólo marcó la presencia de diálogo en este verso o que se unificaron todas las demás intervenciones menos la indicada. En otros poemas no existe signo alguno para diferenciar la voz de un interlocutor, como ocurre en «Los encuentros de un caracol aventurero». Volveremos a encontrarnos con el mismo problema en el *Romancero gitano*. En *LP* casi todos los editores han optado por la corrección.

Daniel Devoto, en su *Introducción al «Diván del Tamarit»* de F.G.L. (París, Ediciones Hispanoamericanas, 1976, págs. 39-44) recorre con cierto detalle 17 poemas de *LP* en la edición Aguilar (1974[19]), la que Massoli ha calificado acertadamente de *vulgata*. Como demuestra Devoto, esa edición no mejora en nada la de Losada (1938), el modelo real que se sigue, de mucha mayor fiabilidad. Devoto llega a utilizar palabras como «disparate», «tropelía» o «dislate» para referirse a enmiendas que juzga injustificadas, cuando no a versos desaparecidos o recompuestos. «La consecuencia inmediata de este desquicio general –termina el crítico– es que *la edición de Aguilar no puede servir para el estudio de la obra de García Lorca.*»

De tan dura condena quiero retener en especial uno de los puntos más conflictivos en las ediciones modernas de *LP*: la regularización a que han sido sometidos algunos de los poemas lorquianos, como si al poeta se le hubieran de dar «lecciones de métrica». Retomo, pues, el ejemplo de «Los álamos de plata», que ha analizado Devoto: los 39 versos del poema –heptasílabos y alejandrinos– fueron reducidos por Del Hoyo, que se apoyaba en una comunicación de Comincioli, a 26 alejandrinos, tras la consiguiente reordenación y enmienda de plana. El ejemplo cundió más de lo esperable. A pesar de que las observaciones de Devoto son de 1976, editores posteriores de *LP* parece o que no repararon en ellas o que no las consideraron dignas de atención. García-Posada, en su primera edición (1980) de *LP*, seguía los pasos de la edición Aguilar en este tipo de enmiendas, incluso con regularización de versos que en la *princeps* se ofrecían con un segmento escalonado. Por su parte, Massoli (1982), tras reseñar atentamente los yerros de Aguilar (1974[19]) y de García-Posada, determinaba restablecer en los poemas «una coherente fisonomía métrica», enfrentado a las «no pocas imperfecciones» de la *princeps*. El estudio métrico es precisamente uno de los valores de esta edición crítica, cuidadosamente anotada, pero de nuevo resulta inaceptable la labor de restauración o «mejora» de poemas que el autor, dueño de su obra, quiso ofrecer del modo en que se imprimieron. Del mismo año 1982 es la segunda edición de *LP* realizada por García-Posada, en el volumen arriba citado. Rectifica este editor sus planteamientos primeros sobre regularización métrica de poemas y versos de *LP*, adoptando ahora los modelos de la edición Maroto. Alega para ello su conocimiento reciente de los 17 autógrafos conservados en el archivo de la familia del poeta, los mismos que utilizará Gibson en su edición crítica. A pesar de la correcta modificación, esta edición anotada de García-Posada adolece de «excesiva fidelidad al texto marotiano», como ya indicaba Massoli para la anterior. Más aún: tal fidelidad se vuelve en ocasiones esclava. Admisibles correcciones de puntuación que se habían introducido en 1980 quedan ahora borradas en beneficio del calco, para algunos poemas, del texto de la *princeps,* seguida para bien y para mal. Compárese, por ejemplo, la doble edición de «La balada del agua del mar», págs. 232 y 260 respectivamente. Por último, la tercera edición en 1982 de libro tan atendido es la antes mencionada de Gibson. A pesar de las escasas páginas que este editor dedica a problemas textuales, los cuales quedan simplemente esbozados, estamos ante la edición mejor documentada en el uso de autógrafos e impresos. Se ha deslizado alguna errata y faltan variantes por anotar, pero en conjunto esta edición nos restituye un texto fiable, con sensata solución de los problemas que plantea la edición Maroto de 1921.

Las observaciones anteriores suponen un recorrido muy somero de la tarea de los editores que me han precedido. Anoto coincidencias y divergencias más concretas en las notas textuales que siguen, en las que no he pretendido ser exhaustivo. Si me he demorado en algún poema, es por la suma de problemas textuales que ofrece. Y si acaso las soluciones aportadas pueden ser discutidas, quede al menos su justificación, para que el lector decida o el próximo editor rectifique. He modernizado la ortografía y me he atenido a los criterios que arriba quedan expuestos. Para esta edición me he basado, aparte de en la labor de editores y críticos anteriores, en el ejemplar de la *princeps* que perteneció en vida a Francisco García Lorca, cuyo uso y fotocopia me permitió en vida Laura de los Ríos Giner. Agradezco también a Andrew A. Anderson su ayuda bibliográfica y paciente atención a mis consultas durante la redacción de estas páginas de observaciones textuales.

Faltan, por último, unas indicaciones sobre las notas. Los números que preceden a las variantes consignadas corresponden al verso o versos del poema examinado. Para su más fácil localización, he optado por dar entera la cita del verso o versos en que aparece la variante discutida, que separo con dos puntos de la solución aportada. Sólo ocasionalmente cotejo variantes sin cita del verso completo, como en «Veleta», o transcribo un verso que no corrijo, pero que ha sido modificado en alguna de las ediciones anteriores. Omito señalar todas las correcciones de puntuación que he introducido. He seguido en este terreno el criterio de Gibson en su edición crítica, aunque no siempre coincida con él. Para un más fácil seguimiento de estas notas, soy consciente de que hubiera sido preferible numerar los poemas del libro, según costumbre propia de ediciones críticas, hoy extendida a un variado tipo de ediciones. Como en los restantes volúmenes de esta serie de *Obras,* me he resistido a adjuntar a los poemas esa guía numérica, que el lector interesado puede suplir sin excesivo trabajo. Quede, pues, el *Libro de poemas* como su autor lo ofreció: si corregido allí donde parecía necesario, el texto limpio de adherencias que no juzgo necesarias en una edición como la presente.

Veleta (págs. 41-43)

Primera edición en *La Pluma,* Madrid, II, 8 (enero 1921), págs. 49-51.

Esta versión, que antecede en pocos meses a la incluida en la *princeps,* procede directamente de manos del poeta, seguramente de un autógrafo. Si no fue así, el original mecanografiado habría sido realizado siguiendo muy de cerca los usos del autor. Que la versión proviene de un original de las características supuestas lo demuestran los siguientes hechos: conservación de guiones para marcar la presencia de blancos; las aposiciones separadas por un punto intermedio, no por coma; falta de comas estrictamente necesarias, ante vocativos, por ejemplo; presencia de una errata en el v. 40: *destilados* por *destetados,* lección coincidente en el manuscrito conservado (cf. Gibson) y en la *princeps.*

Los usos enumerados, más otras anomalías o rupturas de la norma común en el sistema de puntuación, se pueden documentar exhaustivamente en los autógrafos del poeta, sean tempranos o tardíos. En cuanto a la errata advertida, que por tal la juzgo, su inclusión sugiere que se partió de un autógrafo mal leído. En una copia mecanográfica Lorca habría salvado el error de lectura y es de suponer que no se habrían mantenido los guiones, innecesarios en imprenta, con que marcaba los blancos. Para el libro el poeta salva la lección correcta –*Alisios destetados*– y restablece *riyéndote* en el verso 25. Como he indicado en mi introducción, *La Pluma* da *riéndote.* La correc-

Notas al texto   249

ción de la forma dialectal pudo deberse a los encargados de la revista, incluso al tipógrafo que compuso el texto.

Consigno, pues, las variantes tipificadas, más otras de diferente clase, a partir del cotejo de *La Pluma* y la *princeps* del *Libro de poemas*. Completo, así, la labor de Gibson, único que ha intentado anotar la serie entera de variantes. Para su más fácil consulta dispongo en columna la enumeración.

2   Moreno ardiente. : Moreno, ardiente,
3   carne : carne,
6   miradas. Empapado : Miradas, empapado
7-8   LP *abre blanco intermedio*
12-13   Ya he enrollado la noche de mi cuento / en el estante.: ¡Ya he enrollado la noche de mi cuento / en el estante!
14   viento : viento,
16-17   Gira corazón, / gira corazón. : Gira, corazón; / Gira, corazón.
18   Norte. : Norte,
19   Oso blanco del viento. : ¡Oso blanco del viento!,
24   capitanes : Capitanes,
25   riéndote : riyéndote
32   viento : viento,
34-35   Gira corazón, / gira corazón. : Gira, corazón; / Gira, corazón.
36   Brisas gnomos y vientos, : Brisas, gnomos y vientos
37   parte; : parte.
38   rosa, : rosa
40   destilados. : destetados
42   tormenta. : tormenta,
44-45   Tiene recias cadenas mi recuerdo : Tiene recias cadenas / mi recuerdo,
48-49   LP *abre blanco intermedio.*
50   ¡todo el mundo lo sabe!, : Todo el mundo lo sabe,
53   ¿Verdad chopo maestro de la brisa? : ¿Verdad, chopo, maestro de la brisa?
55-58   *omite estos versos* LPL.

A la vista de las variantes anotadas, que afectan a tan crecido número de versos, no cabe duda alguna de que el poeta revisó la primera edición del poema, como demuestra la repetición del estribillo al cierre del poema. No obstante, la puntuación de la *princeps* no es de Lorca, sino del copista, que corrige allí donde lo juzga necesario. Si acaso se excede en la puntuación, dos cosas son claras: que parte de un autógrafo distinto del usado como base para la edición de *La Pluma;* que su versión está autorizada por el autor. Las dudas en este segundo punto se disipan a la vista de la recopilación llevada a cabo por Gerardo Diego en *Poesía española. Antología (Contemporáneos)*, Madrid, Signo, 1934. Cito tan sólo la segunda edición –ampliada– de antología tan famosa por su más tardía fecha. La selección de poemas lorquianos se abre con «Veleta» (como en la edición primera, 1932) y la versión reproducida no difiere en nada de la que abría el *Libro de poemas* en 1921. Aparentemente Lorca, consultado en la elección por Gerardo Diego, no sintió necesidad alguna de corregir.

Aparte de quedar confirmadas las lecciones mencionadas *riyéndote* y *destetados,* difiero de Gibson en la lectura del verso 36, para el que sigue la variante *Brisas gnomos,* sin coma intermedia, como en manuscrito y revista. Pero el poeta no escribió *Brisas-gnomos,* a pesar de incluir en otros lugares del libro *prebeso* y *sub-alma.* (Ya en *Canciones,* dirá en el poema «De otro modo»: *Entre los juncos y la baja-tarde.)* El guión, pues, habría resuelto las dudas posibles. Por otra parte, si Lorca había leído de Rubén Darío *Azul...* (1888), y en *Azul...* el cuento titulado «El rubí», es difícil que asociara el espíritu terrestre de los gnomos (cf. *DRAE)* al mundo aéreo de las brisas. Quede dicho por la interpretación folclórica sugerida por Gibson: «"brisas gnomos" del folclore andaluz», con apoyo en la autoridad oral de Francisco García Lorca, que habría de ser confirmada por otras vías. En mi opinión Lorca no puntuó ese verso adecuadamente, como en tantos otros casos. Ejemplo próximo: el 53 en la versión de *La Pluma,* que es aquí la que se contrasta. Y sobre gnomos, compág. «Canción oriental», versos 25-30.

Ahora bien, lo que Lorca enumera y contrapone desde el v. 36 son elementos carentes de fuerza frente a los que la exhiben en grado tremendo. Por un lado, aquellos que define como simples «mosquitos» de la rosa de los vientos, dibujada como con pétalos en forma de pirámide; por otro, esos grandes alisios «destetados», libres en su rumbo o sonantes en medio de la tormenta. Parafraseo este fragmento, versos 36-43, para mostrar la confusa puntuación de la *princeps,* más valedera en la versión de *La Pluma*. He corregido, por tanto, a partir de esa primera edición, más cercana al sentido querido por el autor. Éste parece que se desentendió del problema. A veces se vuelve preciso desandar el proceso de transmisión, ante los descuidos del poeta, para una más correcta comprensión del texto. No obstante, mantengo el resto de las variantes de puntuación de la *princeps.* Aparte de reflejar en algún caso claras opciones del autor, no obstaculizan la comprensión de los versos afectados. Llamo la atención sobre esas posibles nuevas opciones: signos exclamativos en vv. 12-13 y 19, ruptura del endecasílabo *Tiene recias cadenas mi recuerdo,* en vv. 44-45.

Los encuentros de un caracol aventurero (págs. 44-50)

22 Ver el fin de senda : ver el fin de la senda
23 Echó andar e internóse : Echó a andar e internóse
93 Por qué... No sé por qué : ¿Por qué?... No sé por qué

Restituyo, con los editores que me han precedido, lo que parecen omisiones por yerro de imprenta en los dos primeros casos. Del Hoyo y Massoli mantienen para el tercero la lección de *LP*; no así Gibson, que interpreta *Por que... No sé por qué*. (El primer segmento del verso sería, en todo caso, *Porque...*) Coincido en la corrección, que no advierte, con García-Posada. Apoya la interrogación no sólo el acento, sino también la analogía con las interrogativas de los versos 78 y 91.

Dejo sin corregir, con Gibson, el v. 81, sangrado tras los puntos suspensivos: *Que predicáis...» / Las ranas*. Los demás editores convierten el verso en octosílabo, mediante inclusión de pronombre: *Que me predicáis...* El heptasílabo, tal vez favorecido por el escalonamiento, es posible que esté atraído por la tirada que se inicia desde el v. 85 o por los 56 primeros versos del poema, todos ellos heptasílabos.

Canción otoñal (págs. 51-53)

    4 En alma de la niebla. : en el alma de la niebla.
    39 iluminara : iluminará
    La carencia de acento en el v. 39 es posible reflejo del manuscrito. Se impone la corrección por razones métricas. Gibson, como otros editores, corrige sin advertirlo. Anota la variante Massoli.

Canción menor (págs. 56-57)

Es probable que falte un verso en el poema, tras el 7, *Sueño de estrellas humildes.* Está exigido por la rima y su falta podría deberse a un yerro de imprenta, aunque también puede ser intencionada, por inclusión de una redondilla asonantada. Escalono, como parte del v. 17, *Redentor,* tetrasílabo que encabeza página en *LP,* lo que favorece su disposición en cuanto verso diferenciado. Atiendo, además de a su posición en la página, a la analogía con escalonamientos semejantes, como en el v. 35 de «El canto de la miel» o en el 24 de «Elegía». A mi entender, Lorca mantiene el octosílabo esperado al sinalefar la conjunción y con la sílaba final del verso anterior.

Elegía a Doña Juana la Loca (págs. 58-60)

    14 De Isabel de Segura. Melibea. Tu canto : de Isabel de Segura, Melibea. Tu canto.

37-38 ¿Tienes los ojos negros abiertos a la luz? / O se enredan serpientes a tus senos exhaustos ...
Introduzco coma ante *Melibea*, subrayando claramente el vocativo. En los versos 37-38 mantengo la lección de la *princeps*. Gibson extiende la interrogación a los dos versos. García-Posada interpreta que hay dos interrogaciones. Sigo a Del Hoyo y Massoli. Llamo la atención sobre la construcción *llorar tristeza,* del v. 31. Acaso Lorca escribió *llorar tristezas,* aunque no existe prueba alguna. Por supuesto la variante primera es absolutamente legítima.

¡Cigarra! (págs. 61-63)

36 El propio espíritu Santo, : el propio Espíritu Santo,
Corrijo con los demás editores: *Espíritu*. En el ms., según anota Gibson, Lorca escribió de este modo los versos 63-64: *Pues te hieren las espadas / invisibles del azul.* Como hará más de una vez a lo largo del libro, Lorca distribuye los dos octosílabos del modo que se imprimen por simples razones de expresividad. Disiento, pues, de la «reconstrucción» de Massoli. Este criterio nos llevaría a unificar también los octosílabos *¡Cigarra! / ¡Dichosa tú!* y *¡Cigarra! / Estrella sonora.* Remito al punto 7 de las advertencias preliminares.

Balada triste (págs. 64-66)

12 Al pasar al arroyo imaginario. : al pasar el arroyo imaginario.
Sigo a Del Hoyo, Massoli y Gibson en la corrección. El tercero no la anota y García-Posada mantiene la lección original. Justifica la enmienda la alusión a los versos de la canción infantil: «Al pasar el arroyo / de Santa Clara»..., «Al pasar por el puente» en otras versiones. La sortija mencio-

nada en v. 11 no deja lugar a dudas sobre la cita implícita. *Al/el* se confunden por mala lectura del manuscrito, según cabe suponer.

Mañana (págs. 67-70)

8 ,naturaleza : Naturaleza
29 Ella es firme y suave, : Ella es firme y süave,
43 Por algo madre Venus : Por algo Madre Venus

Sigo el ms. para la mayúscula de *Naturaleza,* así en «Tarde», v. 9. Hay vacilaciones en este uso de mayúsculas, pero quizá por la intervención del copista o del tipógrafo. Añado diéresis en *suave,* del v. 29, para salvar el heptasílabo. Como en otros ejemplos de *LP,* parece que Lorca no sintió la necesidad de señalar la ruptura del diptongo. No obstante, en el citado «Apunte para una oda», de 1924, sí escribe el siguiente alejandrino: *Unos lirios suaves de pensativa escarcha.* M. Nadal *(Autógrafos,* I) transcribe *suaves,* con error mantenido por otros editores. El proceso, en «Mañana», pudo ser semejante. Restablezco, con Gibson, la mayúscula de *Madre* en v. 43, siguiendo el manuscrito. Me aparto de este editor, en cambio, para la corrección que hace en el v. 57: *Es eterna cautiva : Es eterna cantora.* El adjetivo *cantora* está en el ms., pero *cautiva* parece clara corrección del autor.

La sombra de mi alma (págs. 71-72)

8-9 Y la gota de llanto se transforma / Alabastro de espíritu. : Y la gota de llanto se transforma, / alabastro de espíritu.

Añado coma después de *transforma,* pues interpreto que *alabastro de espíritu* es aposición a *gota de llanto.* Existe una analogía de construcción con el v. 2. Me aparto aquí de los cuatro editores cotejados. La variante *medio día,* por *mediodía,* de los versos 14 y 15, denota una vez más que se partía inicialmente de un autógrafo del poeta, del que habrían subsistido algunos usos incorrectos.

Lluvia (págs. 73-75)

28 Lluvia mansa y serena de esquila y luz suave,
Introduzco, con Del Hoyo y Gibson, diéresis: *süave*. No corrigen Massoli y García-Posada. En v. 38 respeto, con los demás editores, la acentuación de *pentágrama*, desusada pero correcta.

El canto de la miel (págs. 78-80)

22-23 Tiene toda la gracia del estío / Y la frescura vieja del Otoño.
Gibson, igual que Del Hoyo, quita la mayúscula de *Otoño* basándose en la analogía con *estío*. Más bien ha de elevarse a mayúscula la inicial de *estío*, como justifica, entre otros, el v. 46 de «¡Cigarra!»: *En la fuerza del Estío*. Lorca sigue escribiendo con mayúscula *Otoño* en manuscritos tardíos; por ejemplo, en el *Llanto*: *El Otoño vendrá con caracolas*, y todavía, en el «Soneto de la dulce queja»: *con hojas de mi Otoño enajenado*. (Para estos dos ejemplos, cf. mi edición, en *Obras*, 3, Madrid, Alianza Edit., 1981.) Otro *Otoño* en el mismo LP, v. 51 de «Elegía». Massoli corrige sin advertir la variante de *estío*.

Elegía (págs. 81-84)

27 Venus del mantón de manila que sabe : Venus del mantón de Manila que sabe
Introduzco con Del Hoyo y Massoli mayúscula para *manila*, siguiendo el uso normativo. Desatienden la corrección Gibson y García-Posada. Mantengo, como en la *princeps*, los

cuatro heptasílabos con que se inicia la estrofa final, erróneamente numerada por Gibson. Lorca rompe, pues, la esperada disposición de los alejandrinos, cuyos hemistiquios independiza. Que lo hace voluntariamente lo muestran algunos manuscritos conservados, según indiqué. Sería también del poeta el escalonamiento del segundo hemistiquio en los versos 10 y 24.

Santiago (págs. 85-90)

34 O de nácar. –¿Lo ves? / –Ya lo veo. : o de nácar. ¿Lo ves? / –Ya lo veo.

Sobra el guión primero, pues la entrada de diálogo, en boca de la «madre abuela», viene desde el v. 31. En cuanto a la diferenciación tipográfica en dos versos, caso de la *princeps,* es seguro que el poeta rompió la presentación del decasílabo para subrayar la presencia de respuesta. De este modo se constituyen dos falsos versos: heptasílabo y tetrasílabo. Independientemente de que la disposición tipográfica no es la única guía métrica, se impone escalonar ese segmento del decasílabo: –*Ya lo veo.* Aunque la vacilación fuera del autor, ofrece otra solución, en construcción semejante, el v. 1 de «Cantos nuevos». Sigo, por tanto, a Del Hoyo. Menos convincente me parece la solución drástica de Massoli y Gibson, que transcriben el decasílabo en una sola línea. García-Posada no altera en nada la lección de *LP,* con mantenimiento incluso de los dos guiones, aunque anota como plausible el escalonamiento del verso.

48 Una virgen y dos gatos negros, : una Virgen y dos gatos negros,

Elevo a mayúscula la inicial de *virgen,* pues es claro que el poeta se refiere a una imagen de la Virgen María, no a una virgen indeterminada, de carne y hueso, como parecen admitir los editores que me preceden. Es probable error del autógrafo. En el v. 94 se lee, sin embargo, *Apóstol.* No parece, pues, que estemos ante un caso de «heterodoxia» intencionada.

62 y 74 –La preguntan dos voces a un tiempo– : –le preguntan...
78 –La pregunta un chiquillo travieso– : –le pregunta...
Corrijo, con García-Posada y Massoli, el laísmo de *LP*. En mi opinión estamos ante un error del copista, más que del tipógrafo, probablemente surgido ante la simplificación de rasgos en los finales de palabra, tal como se observa en los manuscritos del poeta. Las vocales finales o las eses de plural resultan confusas, según he señalado otras veces, en tales autógrafos. (Marca de familia: ocurre lo mismo en los de Francisco García Lorca.) Gibson advierte en Federico «una tendencia al laísmo», que ejemplifica en una carta a Emilia Llanos. No obstante, el editor moderno tropieza con las mismas dificultades con que se enfrentaron los copistas primeros. Si *la/le* (o *al/el*, como en «Balada triste») pueden confundirse más de una vez, no hay ningún laísmo, por ejemplo, en el esbozo de *La zapatera* que he transcrito en mi edición de esta pieza teatral *(Obras,* 7, Madrid, Alianza Edit., 1982, págs. 137-138, y, en Biblioteca de autor [1998], págs. 143-144). Es texto de 1924 o de muy poco antes. Sobresale un caso de laísmo en un verso famoso: *La regalé un costurero,* del «Romance de la casada infiel». Sin circunstanciar este ejemplo, baste recordar que el ms. editado por M. Nadal *(Autógrafos,* I, pág. 148) ofrece la siguiente lección: *Le regalé.* He corregido otros ejemplos de laísmo, que se deberían a copistas, en *Yerma* (Bib. autor, 1998, pág. 95) y en *Bodas de sangre* (Bib. autor, 1998, pág. 83: *La aparta* [...] *las manos: Le aparta).* Estos dos casos no están contrastados con manuscritos, sin embargo, pero mi conocimiento de ellos me indujo a la corrección.

El diamante (págs. 91-92)

De este romance se conservan cuatro versiones: A) versión manuscrita primitiva, bajo el título de «Lección»; B) la de *LP,* págs. 83-84; C) la manuscrita en el autógrafo de la conferencia-recital sobre el *Romancero;* D) la transcrita a máquina, luego retocada a mano por Lorca, en el apógrafo de la citada conferencia. En las dos últimas no se consigna título. Lo que hace Lorca es definirlas en frase previa: «Ya en el año veinte escribía yo este crepúsculo».

Gibson ha anotado las variantes de A y C, pero no ha tenido en cuenta D. Fue publicada esta cuarta versión en *Revista de Occidente,* 2.ª ép., 77 (1969), pág. 132, como parte de la conferencia que por primera vez se imprimía. Cotejé después esa versión con el apógrafo y anoté parte de las variantes frente a B en mi edición del *Romancero (Obras,* 1, 1981, págs. 195-196). Lorca suprimió los versos 17-20 y añadió de su mano dos versos no transcritos, 7-8. Desaparecieron, además, los blancos entre los versos 20-21 y 25-26. Asimismo, introdujo las siguientes variantes:

4 universo : firmamento || 14 Su : la || 16 muertos : viejos || 22 cerebro : recuerdo || ¡lejos! : lejos, || *Omito, a excepción de la última, las variantes de puntuación.*

A juzgar por las notas de Gibson, la versión C, que no he consultado, diferiría de B tan sólo en las variantes anotadas de los versos 4 y 16. Si es así, tuvo que existir una versión intermedia de la conferencia, apógrafo que serviría de modelo al definitivo. Esta posibilidad casa con los usos del autor. De todos modos, C, como el autógrafo entero, no puede ser de 1926, Valladolid, como indica Gibson. En esa fecha y ciudad Lorca leyó poemas de *Suites, Poema del cante jondo* y *Romancero,* este libro todavía inacabado (cf. *Romancero* [Bib. autor, 1998], págs. 200-201). Se trató de una lectura, no de una conferencia. Ésta fue escrita hacia 1933. El apógrafo conservado es, sin duda alguna, posterior al verano de 1932, pues el poeta cita un fragmento final de *Bodas de sangre,* pieza terminada en el verano indicado. La cronología, pues, apoya como última la versión D.

Notas al texto

No obstante, mantengo en el cuerpo de *LP* la versión impresa en 1921, en tanto que desplazo al apéndice D. Lorca corrigió el romance, no el libro. Si éste nunca fue revisado para su reedición, que acaso el poeta no habría impulsado, parece pertinente no alterar, con correcciones tardías, y aun referidas a un solo poema, el corpus de *LP*. Esto no impide que en una edición suelta del romance se edite exclusivamente la definitiva. La solución preferible, que descarto por las características de esta colección, sería dar seguidas las dos versiones, B y D. Me aparto, pues, de García-Posada, que desplaza B a las notas finales. Este editor, sin embargo, no mantiene la supresión de blancos ni advierte la fuente de que parte. Del Hoyo y Massoli no consideran más que la versión B.

Madrigal de verano (págs. 93-95)

Adopto en el verso final la mayúscula para *manzana,* tal como sugiere Gibson por analogía con el v. 4. Corrige del mismo modo Massoli.

Cantos nuevos (págs. 96-97)

Mantengo, frente a Del Hoyo, Massoli y Gibson, el escalonamiento de la respuesta en el v. 1. Sigo a estos editores en la separación mediante blanco de las estrofas 2 y 3, que se ofrecen en *LP* como un solo bloque.

Canción para la luna (págs. 103-105)

En Del Hoyo y Gibson está alterado el v. 9, *Que quizás sea,* no *quizá.* Igualmente, García-Posada introduce un «tus» innecesario en el v. 16: *Con* tus *ojos muertos.* Mantengo, con Massoli y Gibson, la lección del v. 21, también defendida por Devoto: *La Fez di-*

vina. Del Hoyo y García-Posada, quien habla de «errata clara», interpretan *faz*. No creo que haya errata alguna, pues tiene escaso sentido que Jehová ejerza un *rígido gobierno* sobre su propia faz. ¿Dictadura sobre sus gestos? El mencionado «turbante de niebla» apoya, además, la presencia de Fez, como recalca Devoto.

50   Que el gran Lenin : que el gran Lenín
Lorca acentúa en aguda, al modo popular. La tirada de pentasílabos pide el acento y el poeta no los prodigaba. Corrigen, sin advertirlo, Del Hoyo y Massoli. El primero añade una mayúscula injustificada en *gran*.

Balada de un día de julio (págs. 109-112)

35-38   –¡Ay, yo soy la viudita / Triste y sin bienes! // Del conde del Laurel / De los Laureles. : –¡Ay, yo soy la viudita, / triste y sin bienes, / del conde del Laurel / de los Laureles!
Corrijo, con Del Hoyo, Massoli y Gibson, la puntuación. García-Posada mantiene la de *LP*.

67-70   –Caballero galante, / Con Dios te quedes. // –Voy a buscar al conde / De los Laureles... : –Caballero galante, / con Dios te quedes. / Voy a buscar al conde / de los Laureles...
Sobra el segundo guión de entrada de diálogo, así como el blanco intermedio entre versos 68-69. La seguidilla entera está puesta en boca de la «blanca niña» o «doncellita», en paralelo con el adiós del poeta. Esta distribución de las voces de diálogo por grupos de cuatro versos se inicia ya en el v. 43, sigue hasta el 53 y se rompe, con ocho versos para un solo hablante, entre 59-66. Este cambio es el que pudo inducir a confusión al copista o tipógrafo. Corrigen todos los editores, a excepción de García-Posada.

77   –Mi corazón desangra : Mi corazón desangra
Suprimo el guión de este penúltimo verso, pues es el yo del poema el que habla tras el estribillo, en verso paralelo al 63: *Mi*

corazón te ofrezco; pero ya no se dirige a nadie: resume el sentimiento del yo hablante. Corrigen todos los editores, salvo García-Posada.

In memoriam (pág. 113)

10-11 Bajo al cielo de agosto / Como yo bajo al cielo : Bajo el cielo de agosto / como yo bajo el cielo
De nuevo, como en «Balada triste», una errata típica, aunque seguramente se trata de un yerro de lectura del autógrafo. Gibson y García-Posada han anotado las variantes del autógrafo conservado, que impone la corrección. No obstante, García-Posada prefiere corregir el v. 11 de acuerdo con este autógrafo: *Como yo frente al cielo*. Antes de admitir esta variante, habría que demostrar primero que la versión de *LP* procede de este ms. Nada lo señala. Las variantes *al/el,* más usos de puntuación como la coma del verso 18 *(Nosotros, / Nos hemos puesto / De oro),* denotan que se partía de un nuevo autógrafo. García-Posada mezcla, pues, dos versiones. Gibson, por su parte, olvida anotar la citada lección del v. 18, cuya coma suprime, y transmite la del ms. previo: *¡Nosotros / nos hemos puesto / de oro!*

Sueño (págs. 114-115)

5 (Llénala con tus hilos, *LPL* : (Llénala con tus hilos *LP*
La misma lección para el imperativo en un ms. autógrafo, así como en *La Pluma* (núm. cit., págs. 52-53) y en la *princeps* del libro, págs. 119-120. No obstante, Massoli sigue a García-Posada (1.ª ed., 1980) en corregir, supuestamente por la lección de *La Pluma*, a la que ambos remiten: *Llénalo*. El error nace en Del Hoyo (20.ª ed., 1977), quien anota la falsa variante con propósito de enmienda, si bien, acaso por arrepentimiento de última hora, mantiene en el texto *Llénala*. Rectifica,

echándole culpas a Del Hoyo, García-Posada (2.ª ed., 1982), persiste en su error Del Hoyo (21.ª ed., 1980) y queda atrapado en la falsa variante Massoli. Este pequeño enredo textual, que Gibson atraviesa incólume y documentado, supone la invención de una variante verosímil –«congrua col contesto», escribe Massoli–, pero carente de base, incluso a partir de una atenta lectura del poema.

Se ha puesto el sol (págs. 126-127)

Entrecomillo los versos 13 y 15, tal como hacen los diversos editores a partir de Del Hoyo, a excepción de García-Posada. La corrección está justificada por otros ejemplos de *LP,* como en el v. 30 de «Paisaje», y por los usos, aun vacilantes, del autor. No hay entrecomillado en el ms. autógrafo, como anota Gibson.

Pajarita de papel (págs. 128-130)

  20 El barco silencio sin remeros ni velamen, : el barco silencioso sin remeros ni velamen,

Del Hoyo y Gibson corrigen sin advertirlo: *silencio : silencioso.* García-Posada ha dejado, sin observación alguna, la lección de la *princeps.* (Corrigió, no obstante, en su 1.ª ed.: *silencioso,* sin dar explicación.) Massoli «reconstruye»:

> el barco silencioso sin remeros
> ni velamen, el lírico

Quedarían de este modo diferenciados –y ajustados– el endecasílabo y heptasílabo que el metro del poema pide.

Cabría otra solución: *el barco silencioso sin remos ni velamen,* con inclusión, pues, de un alejandrino. Los dos versos que siguen –*El lírico / Buque fantasma del miedoso insecto*– acentúan la alusión a la ópera wagneriana *El holandés errante,* por nombre más común *El buque fantasma*. El ámbito de la ópera resulta aquí miniaturizado, pero la asociación establecida favorece la imagen de un barco que carece de elementos con que pueda ser gobernado: remos, velamen.

Mantengo, no obstante, la primera y única corrección, pero con la misma disposición de la *princeps* para todo el verso en litigio. Massoli apunta las razones métricas que imponen *silencioso*, pero el desajuste sobre la esperada ordenación de los dos versos halla ejemplos paralelos, como quedó explicado, en toda la obra del poeta. En *LP* se seguía, además, un apógrafo «fiel», como delatan carencias de acento *(aun,* v. 5), formas incorrectas *(enmedio,* 25 y 37, por *en medio)* o vocativos no enmarcados por comas *(pájaro clown,* 47, *pájaro esfinge,* 49). A mayor abundamiento, *LP* da *clonw,* error, como los antes notados, que han de atribuirse al autor. Si no de éste, de los demás usos hay ejemplos sobrados en sus manuscritos.

Madrigal (págs. 131-132)

21 Ahora a maestro grave : Ahora amaestro grave

En el ejemplar del que parto Francisco García Lorca unió a lápiz los supuestos preposición y sustantivo. Confirma esta lección la edición del poema en la revista *España,* 293 (11 diciembre 1920), pág. 12, cuyas variantes recoge Gibson. Allí se lee *amaestro.*

Prólogo (págs. 141-145)

Introduzco sangrado inicial para los versos 77 y 83, pues están precedidos por blancos, como justifica Gibson. Opino, con el mismo crítico, que debe sangrarse el v. 102, que iniciaría la tirada de cierre del poema: *Aquí, Señor, te dejo.* El verso no va precedido de blanco en *LP* porque inicia página, y no está sangrado posiblemente por los dos errores previos notados, de los que se seguiría una falsa homogeneidad. Así, en García-Posada, que respeta una vez más la *princeps*.

Balada de la placeta (págs. 155-158)

Suprimo, como indica Massoli y hacen todos los editores, el punto innecesario que seguía, sistemáticamente, la indicación de los interlocutores. Por analogía con el v. 2, sustituyo la coma del v. 54 por dos puntos.

El camino (págs. 163-165)

Apoyándose en Comincioli y Del Hoyo, Gibson defiende el carácter independiente de este poema, lo que parece fuera de duda. García-Posada, sin embargo, supone que «Hora de estrellas» es un poema dividido en dos partes, la segunda «El camino», imprimiendo de este modo los dos poemas. Es el único editor que se atreve a dar por buena esta posibilidad infundada.

La duda se ha planteado por los siguientes motivos: en *LP* «El camino» no encabeza página, frente al resto de los poemas del libro, sino que se inicia tras los dos últimos versos de «Hora de estrellas», en pág. 200; el título está en versales de cuerpo inferior al de los demás títulos, sin ocupar, como éstos, página independiente; no hay indicación de fecha (única excepción en *LP*) y el poema no figura en el índice. Independizados título y comienzo del poema en páginas distintas, de acuerdo con la norma del volumen, «El camino» habría ocupado, dado que tiene 50 versos, cuatro páginas. Quedó, sin embargo, reducido a dos, y la primera compartida con el final del poema anterior.

Todo indica que fue añadido cuando el libro estaba en pruebas de imprenta foliadas. Se confirma esta suposición por el hecho de que ocupe las págs. 200-201. En la disposición normal del volumen la 201 habría sido blanca, como blanco el espacio de la 200 no ocupado por el final de «Hora de estrellas». El poema, pues, fue encajado, por así decir, en los blancos disponibles, de manera que ni siquiera hiciese falta alterar o recorrer la foliación. Por este motivo se redujo, incluso, el cuerpo de las versales del título; de ningún modo para indicar que dependía del poema anterior.

La misma carencia de espacio fue acaso determinante para la supresión, si la había, de la fecha. «El camino», no obstante, puede ser de 1921, como sugiere su misma inclusión a última hora. La imagen del camino se torna obsesiva en composiciones del *Poema del cante jondo* (1921) y de *Suites*. En «Tres historietas de viento», datadas en el año citado, la brisa choca «con lo duro / de la montaña». Aquí la montaña se ha convertido en «escudo». Se vislumbra, pues, una cierta similitud de imágenes, que apoyaría la datación sugerida, la cual retrae Massoli a 1920.

Por último, «la confusión de los dos poemas [no] sería atribuible a García Maroto» (Gibson), sino a García Lorca. Corrijo *Flanmarión : Flammarión* (v. 17), ya en Del Hoyo, pero he mantenido *Bhudas* (v. 26), respetando la grafía del autor.

Canción oriental (págs. 168-171)

83 lucero de la floresta : lucero de la floresta,

Creo necesario añadir coma para clarificar el texto: la granada se metaforiza en lucero, éste enamorado del arroyo, como la fruta reflejada.

La balada del agua del mar (págs. 176-177)

Todos los editores, a excepción de García-Posada, que persiste en su desafortunada fidelidad a la *princeps,* han modificado la muy irregular puntuación de este poema. El modelo seguido, con algunas modificaciones, ha sido la citada antología de Gerardo Diego (1932 y 1934). Frente a ella, se han introducido guiones de diálogo en los versos 5, 9, 13 y 17. Quedan también sangrados los versos iniciales de todos los dísticos. Fuera de una coma añadida en el verso 11, puede consultarse la versión de *LP* en G.-Posada, pág. 260.

Madrigal (págs. 181-182)

4 Y me distes un beso
Mantengo con los otros editores, salvo Massoli, la forma vulgar *distes*. Es claro que es del poeta, como ya señaló Devoto. Su sustitución por *diste* rompería el heptasílabo, sostenido en los tres versos precedentes.

15 de oro : de Oro
Sigo a Gibson en la corrección.

Espigas (págs. 187-188)

En la *princeps* aparece escalonado un segmento del v. 10 tal como se imprime. No ocurre lo mismo en los versos 16 y 19, dispuestos a modo de cuatro versos. He introducido, no obstante, el mismo tipo de escalonamiento por razones de analogía con el v. 10. Existe, además, otro motivo de apoyo. *Son cabecitas* está a comienzo de página, circunstancia que pudo influir en su composición como verso distinto, con el consiguiente influjo sobre el v. 19, dividido también en dos: *Todas piensan lo mismo, / Todas llevan*. Me aparto en la corrección de los demás editores. No obstante, García-Posada sugiere su posibilidad en nota.

Meditación bajo la lluvia (págs. 189-190)

4 Inunda al corazón
Massoli y Gibson corrigen, igual que Del Hoyo: *inunda el corazón*. No creo que opere aquí, como en «Balada triste», la

vacilación *al/el*. El poeta, simplemente, «fortalece» la acción del verbo con la preposición contracta, personalizando al corazón.

32-33 Vuelve a llover. / El viento va trayendo a las sombras.
Mantengo esta ruptura expresiva del alejandrino. Únicamente corrige, siguiendo su norma, Massoli.

Manantial (págs. 191-195)

Entrecomillo, con Massoli y Gibson, las palabras puestas en boca de un interlocutor, por ficticio que sea: versos 50, 101-102 y 109. Del Hoyo y Gibson corrigen en v. 59 *untosa: untuosa*. Las dos palabras son legítimas y no veo razón para limpiarle al poeta de pecados no cometidos. En el citado facsímil de «Apunte para una oda» se lee claramente este verso: *Transparente en el huerto, y untosa por el monte*.

Sueño (págs. 198-199)

Puede cotejarse la versión exacta de *LP* en García-Posada. Sigo a Massoli y Gibson en sus correcciones, aunque el segundo no reproduce, parece que por error de imprenta, el escalonamiento del v. 28.

Otro sueño (págs. 200-201)

7 Como un «tío vivo» en que la Muerte : como un tiovivo en que la Muerte
Como se comprueba en la primera edición de *Canciones*, Lorca escribía *tiovivo*, que da título a un poema, con guión intermedio –*tío-vivo*–, o acaso de forma separada: *tío vivo*, así en este poema. Para evitar molestos equívocos es posible que las

comillas fueran añadidas por el copista. Las elimino, como Del Hoyo y Massoli. Gibson corrige a medias: *un «tiovivo»*, y García-Posada reproduce tal cual el poema.

Invocación al laurel (págs. 205-207)

La presencia de blancos distintos marca en el poema tres partes claramente diferenciadas, lo que no ha sido advertido por editores anteriores. Un blanco doble antecede al v. 23: *Yo comprendo toda la pasión del bosque,* lo que vuelve a suceder ante el 45: *¡Oh laurel divino, de alma inaccesible [...]!*

Ritmo de otoño (págs. 208-213)

30 Las palabras del viento eran suaves: [...] süaves
Sigo en las demás correcciones a los editores anteriores, con la salvedad de García-Posada, que no toca versos como el 92: –*Vosotros me inventasteis corazones*–. Son los corazones, precedidos de una coma necesaria, los que inventan a la esperanza, no a la inversa.

124 Pidiendo lo del hombre Amor inmenso : Pidiendo lo del hombre: Amor inmenso

Aire de nocturno (págs. 214-215)

10-11 Amor. / El viento en las vidrieras : «Amor, / el viento en las vidrieras || 23-24, 36-37 Amor. El viento en las vidrieras : «Amor, / el viento en las vidrieras.
A la inversa de los editores que me han precedido, unifico la presentación del estribillo en su triple repetición, pero tomando como base el modelo primero, con distribución en cinco versos. García-Posada y Gibson respetan en todo la *princeps*,

mientras que la tendencia contraria reduce a un eneasílabo los versos 10-11 por analogía con la transcripción del estribillo en posiciones segunda y tercera.

Atribuyo la vacilación de la *princeps* al copista o tipógrafo. La conjetura cobra fuerza al advertir que la repetición 2 y 3 del estribillo se produce en página par (284), a la vuelta de los 17 primeros versos del poema (en pág. 283). Acaso el original transcrito estaba copiado en dos hojas, casi de la misma manera en que quedaría impreso. Incluso un corrector de pruebas no atentísimo pasaría por alto la distinta presentación del estribillo. No descarto que la vacilación proceda del manuscrito autógrafo, pero hay varias razones en contra.

Si atendiéramos a la métrica, lo esperable es que el poeta hubiera ordenado el estribillo como una cuarteta de dos hexasílabos, un heptasílabo y un tetrasílabo. Copio esta versión hipotética con los cambios indispensables sobre la *princeps*:

¿Qué es eso que suena
Muy lejos? Amor.
El viento en las vidrieras,
¡Amor mío!

Pero Lorca, como hace en otros ejemplos paralelos de su libro, ha querido diferenciar visualmente la respuesta. En ocasiones escalona la parte correspondiente del verso. Aquí ha destacado en un trisílabo el claro vocativo, *Amor,* el cual queda contrapuesto y en posición paralela al acentuado vocativo de cierre, ya con signos exclamativos. El oído sigue guiando la correcta lectura del poema, con su ritmo hexasilábico predominante, pero Lorca prefiere visualizar, dejando a un lado la distribución métrica normativa, aquellos segmentos de verso (o versos enteros) en los que quiere que el énfasis descargue.

Para el caso presente apoya lo que sostengo un manuscrito tardío. En el acto segundo de *Así que pasen cinco años* Lorca retoma, con dos variaciones, el estribillo de «Aire de nocturno». Transcribo, pues, un fragmento del diálogo en verso entre la Mecanógrafa y el Joven, pero a partir del facsímil del manuscrito editado por M. Nadal *(Autógrafos,* III, Oxford, 1979, págs. 176-177). Respeto enteramente la presencia o falta de puntuación:

> –¿Qué es eso que suena muy lejos?
> –Amor.
> el día que vuelve
> ¡amor mío!

A la misma pregunta, responderá versos después el Joven:

> Amor
> ¡La sangre en mi garganta
> amor mío!

Es aquí la pregunta la que se ofrece como un eneasílabo, entre otros motivos por uno principal: *suena* ya no está en posición de rima. En lo referente a la respuesta no es preciso señalar que Lorca mantiene el esquema del estribillo primero del antiguo poema tal como había sido impreso.

A la vista de este ejemplo parece oportuno corregir según queda indicado. Y si el poeta puntuaba así sus manuscritos, ¿qué razón nos veda modificar esa puntuación que se le atribuye, cuando casi nunca es suya? La que se da para el estribillo en la *princeps*, seguida por los editores modernos, induce a confusión. Para evitarla introduzco también comillas, de modo que resulten netamente diferenciadas pregunta y respuesta de ese fingido diálogo. Este entrecomillado se justifica por el uso que de esos signos hace el autor en casos semejantes. Discuto un ejemplo similar en mi edición de *Yerma (Obras,* 2, 1984², pág. 26, y, en Biblioteca de autor [1988], pág. 24).

Finalmente, mantengo el verso 7 como, a mi entender, el poeta lo dispuso: los dos hexasílabos como hemistiquios de un único dodecasílabo: *dejaré a tu lado mi corazón frío.* ¿Quiso el poeta marcar la proximidad de rima *é-a* con el verso 6: *si no me despiertas?* Así parece si atendemos al verso 32: y *en la rama seca,* que antecede en idéntica posición y con la misma rima al estribillo retomado para cerrar el poema. Mas la rima indicada parte ya del verso 2: *de las hojas muertas*. En cuanto al 6 en Gibson se desliza una grave errata: *Si tú no me despiertas,* con ese «tú» sobrante.

Nido (pág. 216)

3-4 ¡Ay quien tala mis bosques / Dorados y floridos! : ¡Ay!, ¿quién tala mis bosques / dorados y floridos?
Adopto la misma puntuación con que ha corregido Gibson. Se justifica claramente ante el manuscrito: *¡Ay! quien tala* [...]

Otra canción (págs. 217-218)

13-14 De mi vida, / Y teme
Massoli unifica estos dos versos, «a fin de restablecer el heptasílabo y la correcta sucesión de la rima». No obstante, Lorca ha roto una vez más el verso esperado de manera voluntaria. Una lectura desatenta lo que nos da es un hexasílabo, no un heptasílabo. Lo que Lorca ha hecho ha sido dejar una pausa versal después de *vida*, pausa que la coma acentúa. De esta manera evita la sinalefa con lo que se mantiene el ritmo heptasilábico predominante.

El macho cabrío (págs. 219-221)

Mantengo, en v. 54, *metamórfosis*. Del Hoyo y Gibson adoptan *metamorfosis*, con acentuación llana. Se quiebra de este modo la serie de cuatro pentasílabos en que la palabra se inserta, en clara posición paralela a otro esdrújulo: *sátiros*. *Metamórfosis* escribió J.R.J. hasta el fin de su vida, por más que hoy la Academia sólo admita la variante con acento grave.